I0751758

GEORGE SAND

L'AUTRE

COMÉDIE

DEUXIÈME ÉDITION

PARIS
MICHEL LÉVY FRÈRES, ÉDITEURS
RUE VIVIENNE, 2 BIS, ET BOULEVARD DES ITALIENS, 15
A LA LIBRAIRIE NOUVELLE

MDCCCLXX

L'AUTRE

COMÉDIE

Représentée pour la première fois à Paris sur le Théâtre impérial de l'Odéon, le 25 février 1870.

MICHEL LÉVY FRÈRES, ÉDITEURS

ŒUVRES COMPLÈTES

DE

GEORGE SAND

FORMAT GRAND IN-18

Les Amours de l'age d'or.	1 vol.	Jeanne	1 vol.
Adriani	1 —	Laura	1 —
André	1 —	Lélia — Métella. — Cora	2 —
Antonia	1 —	Lettres d'un voyageur	1 —
Le Beau Laurence	1 —	Lucrezia Floriani.-Lavinia	1 —
Les Beaux Messieurs de Bois-Doré	2 —	Mademoiselle La Quintinie	1 —
Cadio	1 —	Mademoiselle Merquem	1 —
Le Chateau des Désertes.	1 —	Les Maîtres mosaïstes	1 —
Le Compagnon du tour de France	2 —	Les Maîtres sonneurs	1 —
La Comtesse de Rudolstadt	2 —	La Mare au Diable	1 —
La Confession d'une jeune fille	2 —	Le Marquis de Villemer	1 —
Constance Verrier	1 —	Mauprat	1 —
Consuelo	3 —	Le Meunier d'Angibault	1 —
Les Dames vertes	1 —	Monsieur Sylvestre	1 —
La Daniella	2 —	Mont-Revêche	1 —
La Dernière Aldini	1 —	Narcisse	1 —
Le Dernier Amour	1 —	Nouvelles	1 —
Le Diable aux champs	1 —	Pauline	1 —
Elle et Lui	1 —	La Petite Fadette	1 —
La Famille de Germandre	1 —	Le Péché de M. Antoine.	2 —
La Filleule	1 —	Le Piccinino	2 —
Flavie	1 —	Pierre qui roule	1 —
François le Champi	1 —	Promenades autour d'un village	1 —
Histoire de ma vie	10 —	Le Secrétaire intime	1 —
Un Hiver a Majorque — Spiridion	1 —	Les Sept cordes de la Lyre	1 —
L'Homme de neige	3 —	Simon	1 —
Horace	1 —	Tamaris	1 —
Indiana	1 —	Teverino. — Léone Léoni	1 —
Isidora	1 —	Théatre complet	4 —
Jacques	1 —	Théatre de Nohant	1 —
Jean de la Roche	1 —	L'Uscoque	1 —
Jean Ziska. — Gabriel	1 —	Valentine	1 —
		Valvèdre	1 —
		La Ville noire	1 —

THÉATRE

Les Beaux Messieurs de Bois-Doré, drame en 5 actes.
Cadio, drame en 5 actes.
Claudie, drame en 3 actes.
Comme il vous plaira, com. 3 actes.
Cosima, drame en 5 actes.
Le Démon du Foyer, com. 2 actes.
Les Don Juan de village, comédie en 3 actes.
Le Drac, drame en 3 actes.
Flaminio, comédie en 4 actes.
Françoise, comédie en 4 actes.
François le Champi, com. 3 actes.
Le Lis du Japon, comédie en 1 acte.
Lucie, comédie en 1 acte.
Maître Favilla, drame en 3 actes.
Marguerite de Ste-Gemme, c. 3 actes.
Le Mariage de Victorine, c. 3 actes.
Le Marquis de Villemer, c. 4 actes.
Mauprat, drame en 5 actes.
Molière, drame en 5 actes.
Le Pavé, comédie en 1 acte.
La Petite Fadette, op. c., 3 actes.
Le Pressoir, drame en 3 actes.
Les Vacances de Pandolphe, com. en 3 actes.

Clichy. — Imp. M. Loignon, Paul Dupont et Cie, rue du Bac-d'Asnières, 12

L'AUTRE

COMÉDIE EN QUATRE ACTES

ET UN PROLOGUE

PAR

GEORGE SAND

PARIS
MICHEL LÉVY FRÈRES, ÉDITEURS
RUE VIVIENNE, 2 BIS, ET BOULEVARD DES ITALIENS, 15
A LA LIBRAIRIE NOUVELLE

1870

Droits de reproduction, de traduction et de représentation réservés.

(C.)

PERSONNAGES DU PROLOGUE

MAXWELL....................................	MM. BERTON.
LE COMTE DE MÉRANGIS....................	LARAY.
JEANNE....................................	Mmes PAGE.
ELSIE WILMORE, COMTESSE DE MÉRANGIS....................................	DAVRIL.
HILDA SINCLAIR..........................	COLOMBIER.
MEG....................................	LEMAIRE.

PERSONNAGES DE LA PIÈCE

MAXWELL....................................	MM. BERTON.
MARCUS DE MÉRANGIS....................	PIERRE BERTON
CÉSAIRE CASTEL..........................	RAYNARD.
CASTEL....................................	REY.
BARTHEZ....................................	LAUTE.
LE DOCTEUR PONS..........................	CLERH.
MICHELIN....................................	FREVILLE.
JEANNE....................................	Mmes PAGE.
HÉLÈNE....................................	S. BERNHARDT.
LA COMTESSE DOUAIRIÈRE DE MÉRANGIS....................................	J. BONDOIS.

Le prologue se passe en Écosse, au manoir de Linsdale.
La pièce au château de Mérangis, en Provence.

Pour la mise en scène exacte et détaillée, s'adresser à M. REY. régisseur général du théâtre de l'Odéon.

Quelques personnes ont cru voir ici une thèse. Le mot est trop ambitieux pour moi, j'accepte celui de proposition. Or, je propose d'absoudre le mal qu'on n'a pas voulu empêcher. Absoudre n'est peut-être pas le mot non plus : il faut dire *pardonner*, comme dans la pièce.

Si l'on s'obstinait à y voir un plaidoyer en faveur de l'adultère, je protesterais contre l'intention *cachée* qui ne peut être imputée à mon caractère, lequel manque absolument de finesse et d'habileté, et j'en appellerais au calme de la lecture. La thèse contraire, si thèse il y a, est plaidée durant toute la pièce par tous les personnages : — par la femme coupable qui meurt de chagrin, par la fille qui renie et maudit presque son père illégitime, par le fiancé qui le soupçonne et l'insulte, par le précepteur qui n'admet pas d'excuse à la faute commise. Mais le pardon est invoqué par le coupable qui a expié, et le pardon tombe de la bouche la plus pure, celle de l'aïeule qui n'a jamais fait que le bien. Je crois que celle-ci est dans la vraie morale et dans la vraie religion, et, si l'on m'assurait qu'il faut punir à outrance et sans retour le mal que l'on a autorisé, j'avoue que je ne le croirais pas.

Puisque j'ai cru devoir dire quelques mots de l'intention si peu mystérieuse de l'auteur, je saisirai l'occasion de remercier ses éminents et excellents interprètes, anciens et fidèles amis pour la plupart. C'est à eux bien autant qu'à moi qu'il faut attribuer la sympathie et la bienveillance du public.

GEORGE SAND

Nohant, 5 mars 1870.

L'AUTRE

PROLOGUE

Un appartement ancien, sombre et sévère.— Portes au fond et à droite — A gauche au fond, une grande porte-fenêtre donnant sur des pins couverts de neige. — En avant de la scène, à gauche, un prie-Dieu à droite une chaise longue, un petit fauteuil d'enfant et des jouets d'enfant épars sur le tapis. — Il fait nuit; la salle n'est éclairée que par le feu qui brûle dans la cheminée.

SCÈNE PREMIÈRE

HILDA SINCLAIR, LE COMTE DE MÉRANGIS, costume d'officier de marine. — Hilda enveloppée de fourrures. — Ils entrent par la porte vitrée.

LE COMTE, entrant le premier.

Il n'y a personne ici, entrez !

HILDA, ironique.

Je pense bien que vous n'auriez pas la cruauté de me laisser dehors par cette maussade soirée. Le vent, la neige, une vraie nuit d'Écosse! C'est donc là, monsieur de Mérangis, le manoir de Linsdale ! Le parloir n'est pas plus gai que le parc. Fâcheuse résidence pour un brillant gentilhomme français ! Vous aurez beau dire ; quand on est gêné comme vous l'étiez déjà, et qu'on épouse miss Elsie Wilmore, dont cette terre sans rapport et ce château délabré sont l'unique patrimoine, on fait un mariage d'amour.

LE COMTE, qui a été vers le fond.

Parlez plus bas. Elle est là, peut-être !

HILDA.

Quand elle y serait ? Puisque je veux la voir !

LE COMTE.

Je vous supplie de renoncer à cette fantaisie ; il est temps encore.

HILDA, qui a été à la cheminée.

Monsieur le comte, Elsie Wilmore recevra Hilda Sinclair, qui vient à elle sans parti pris, uniquement pour voir si elle est à craindre... ou à plaindre !

Elle sonne.

LE COMTE.

Je l'ai aimée ; je vous ai vue, je vous ai suivie... je ne l'aime plus !

HILDA.

Alors, il faut la plaindre... à moins qu'elle ne soit consolée !

LE COMTE.

Vous dites ?

Entre Meg, apportant une lumière.

MEG, comme effrayée.

Ah ! monsieur le comte !... revenu de Londres !

LE COMTE.

Madame peut-elle recevoir ?

MEG, stupéfaite, regardant Hilda.

Qui ?.. elle ?...

HILDA.

Allez lui dire que mistress Sinclair, revenue dans ses terres, désire saluer sa plus proche voisine.

MEG, menaçante.

Vous voulez la voir, vous?

LE COMTE.

Obéissez ! Laissez cette lumière.

Meg sort.

HILDA.

L'accueil de la suivante n'est pas encourageant !

LE COMTE.

Cette montagnarde a nourri ma femme. C'est une espèce de folle que l'on tolère.

HILDA.

Et qui exprime ingénument les sentiments de sa maîtresse. Les bouffons sont nos diseurs de vérités. (Touchant le prie-Dieu.) Voici un meuble qui en dirait aussi, s'il pouvait parler, car il a reçu les secrets de la prière, peut-être ceux du repentir!

LE COMTE.

Pourquoi examinez-vous tant ce prie-Dieu ?

MEG, rentre brusquement.

Madame est malade.

HILDA.

C'est-à-dire qu'elle refuse...

MEG.

Et elle fait bien !

LE COMTE.

Sortez, stupide créature! (Il la chasse. Hilda éclate de rire.) Vous riez? A la bonne heure! Mais, moi, j'irai chercher une réponse plus polie.

HILDA.

Restez! Vous céderiez aux larmes de la touchante Elsie, et vous m'apporteriez de sa part un nouvel outrage!

LE COMTE.

Ne le croyez pas. Elle n'a pas le droit...

HILDA.

Ah! enfin! pas le droit!.. Voilà ce que je voulais vous entendre dire. Vous le savez donc, qu'elle vous trahit?

LE COMTE.

Je sais tout!

HILDA.

Pourquoi l'avoir nié jusqu'à présent?

LE COMTE.

Je ne suis pas de ceux qui avouent cette ridicule conséquence de l'abandon où ils laissent leur femme. C'est une punition, mais je la veux secrète.

HILDA.

Monsieur le lieutenant de vaisseau craint les plaisanteries de son bord?

LE COMTE.

Oui, madame, et il faudra que je renonce à vous, si vous m'y exposez.

HILDA, regardant le prie-Dieu.

Mais, au moins, vous avez des preuves?

LE COMTE.

J'ai une preuve... gênante! L'enfant qu'on élève ici sous mon nom.

Il montre un jouet qui se trouve sur le tapis.

HILDA.

La certitude ne suffit pas pour rompre votre mariage ; il faudra prouver...

LE COMTE

Je ne veux pas le rompre.

HILDA.

Ah ! vous ne voulez plus?. .

LE COMTE.

Inutile d'en venir là. Elsie Wilmore est condamnée, elle n'a pas un an à vivre !

HILDA.

Vous êtes sûr ? Mais l'enfant? Il sera donc à vous ?... Celle que vous épouserez devra donc l'accepter?

LE COMTE.

L'enfant est atteinte du même mal. Je l'envoie aujourd'hui à ma mère qui est très-pieuse. Si elle la guérit, je la chargerai de l'ensevelir pour toujours dans un couvent de France. ... Voilà pourquoi je suis venu ici aujourd'hui... Vous avez voulu me suivre...

HILDA.

Je ne suis plus jalouse. Allez voir votre femme et dites-lui que je ne lui en veux pas. Je vous attends ici, vous me reconduirez à mon château.

Le comte sort.

SCÈNE II

HILDA.

HILDA.

Ainsi, elle me brave, cette femme plus coupable que moi... que moi qui suis libre ! J'aurai des preuves contre elle et contre son amant que je hais !... Elles sont là, je le sais. (Elle va au prie-Dieu, tire une clef de son manchon, ouvre, et prend un paquet de lettres qui est caché dans le prie-Dieu.) Enfin ! (A part, lisant quelques mots au hasard.) « La faute... le remords !... » Il n'en faut pas davantage. C'est le remords qui perd les femmes !... L'enfant!... (Elle feuillette le paquet.) Oui, il est question de l'enfant ! La preuve est complète! Le comte de Mérangis ne l'aura pas puisqu'il la détruirait. — Je n'ai plus rien à faire ici, moi. Je tiens le passé d'Elsie et l'avenir de sa fille !...

Elle met le paquet dans son manchon et sort par la porte vitrée. Aussitôt entre le comte.

SCÈNE III

LE COMTE, ELSIE, venant du fond, ensemble.

LE COMTE.

Eh bien ?

ELSIE.

Elle est partie !

LE COMTE.

Partie ?... (Refermant la porte vitrée avec un geste de satisfaction.) Elle s'est lassée d'attendre votre bon plaisir.

ELSIE.

Je vous répète, monsieur, que j'étais couchée : j'ai à peine pris le temps de me vêtir. Ne vous a-t-on pas dit que j'allais descendre ?

LE COMTE.

Non!... votre nourrice... (Meg fait un mouvement ; d'un geste impératif, il la congédie ; elle sort.) Mais laissons cela, je viens vous apporter une nouvelle. La personne que ma mère envoie pour emmener votre fille en France sera ici dans un instant.

ELSIE, tressaillant.

Déjà ?

LE COMTE, *froidement.*

Vous étiez prévenue.

ELSIE.

Mais Hélène est beaucoup mieux ! Vous n'exigez pas qu'elle parte au milieu de l'hiver...

LE COMTE.

Elle trouvera le printemps en Provence.

ELSIE.

Une enfant si jeune ! un si long voyage ! Je vais mieux aussi, monsieur. Dans quelques semaines, dans quelques jours peut-être, je pourrais accompagner Hélène.

LE COMTE.

Chez ma mère? Ma mère a l'austérité d'une vie sans tache; cela ne vous effraye pas ? D'ailleurs, quitter l'Écosse, vous ? cette riante patrie où vous avez su vous faire une vie si douce, si indépendante?

ELSIE.

Ah ! monsieur, je vous jure que, si je l'avais pu, si j'avais été moins malade, il y a longtemps que j'aurais répondu à l'appel de votre mère.

LE COMTE, *ironique.*

Mais votre ami, le jeune médecin, ne vous l'a pas permis? Il est plus absolu que moi, convenez-en !.. Pourquoi tremblez-vous?

ELSIE, *allant à la cheminée.*

J'ai froid... (*A part.*) Il sait tout ! Je suis perdue!

LE COMTE, *voyant la porte du fond s'ouvrir.*

Voici la femme qui doit emmener votre fille.

ELSIE.

Ah !... Vous la connaissez, au moins?

LE COMTE.

Fort peu. Faites connaissance avec elle : cela vous regarde.

Il sort.

SCÈNE IV

ELSIE, JEANNE, amenée par MEG.

ELSIE.

C'est vraiment vous qui venez de la part de ma belle-mère ?

JEANNE.

Oui, madame.

ELSIE.

Laisse-nous, Meg. (Meg sort.) Comment vous nommez-vous, mademoiselle ?

JEANNE.

Jeanne Fayet. J'ai été élevée au château de Mérangis. Je suis la fille d'un vieil intendant, mort au service de la famille. Madame la comtesse a bien voulu me donner elle-même un peu d'instruction et faire de moi la gouvernante de sa maison. Voici ma lettre de créance.

ELSIE, lisant.

Oui, vous êtes bien la personne qu'elle m'annonçait. Elle a toute confiance en vous. Elle vous estime, elle vous aime. Comme elle paraît bonne, madame de Mérangis !

JEANNE.

Oh ! oui, bien bonne ! Aussi on l'aime !...

ELSIE.

Elle est pourtant... très-rigide ?

JEANNE.

Pour elle seule.

ELSIE.

Sa dévotion...

JEANNE.

N'est que tendresse et charité.

ELSIE.

Elle aimera mon Hélène ?

JEANNE.

Elle vous chérit déjà toutes deux.

ELSIE, troublée.

Je voudrais vous faire une question... Je ne sais si vous pourrez y répondre, si vous croirez devoir...

JEANNE.

Je crois pouvoir répondre à tout.

ELSIE.

Eh bien... est-ce qu'elle a été heureuse en ménage, ma belle-mère ?

JEANNE.

Non, madame.

ELSIE.

Ah ! son mari, le père du mien...?

JEANNE.

Fut infidèle publiquement. Je ne trahis point un secret.

ELSIE.

Et... elle lui pardonnait ?

JEANNE.

Elle l'a tendrement soigné et jamais elle ne s'est plainte.

ELSIE.

Ni vengée ?

JEANNE.

Oh ! madame !...

ELSIE.

Pardon ! J'ai la fièvre, je ne sais pas toujours quels mots j'emploie. Je voulais dire qu'elle ne s'est jamais découragée ?...

JEANNE.

De respecter ses devoirs ? Jamais ! Mais l'expérience du malheur lui a donné la sublime indulgence.

ELSIE.

Oui. Ses lettres m'ont toujours rassurée et consolée. Elle m'appelait, elle m'attendait aussi. Ah ! si je pouvais partir avec vous ! Dites-moi, c'est un beau pays, la Provence ?

JEANNE.

Il y fait chaud, même en cette saison.

ELSIE.

Est-ce que, si je mourais sans revoir ma fille ?... On ne contrariera jamais son inclination, n'est-ce pas?

JEANNE.

Au nom de ma chère dame que je connais bien, je vous jure que non.

ELSIE.

Et l'enfant ne s'ennuiera pas ? elle ne sera pas trop seule ?

JEANNE.

Elle aura un protecteur, un compagnon, le jeune Marcus de Mérangis, petit-neveu de madame, orphelin qu'elle a recueilli et qu'elle élève. Nous ne sommes qu'à une lieue de la ville. Le médecin, le précepteur, le maître de musique viennent tous les jours. Votre fille sera soignée, instruite, aimée ; et, au printemps prochain, vous serez plus forte, madame, vous viendrez vous assurer de tout cela. S'il faut revenir vous chercher, voilà que je connais le chemin et je vous soignerai avec tout le dévouement que vous savez inspirer à première vue.

ELSIE.

Vous êtes bonne, vous! Je vois cela dans vos yeux. Vous allez prendre ici au moins une semaine de repos?

JEANNE.

Monsieur le comte que j'ai vu un instant, ce matin, à Édimbourg, m'a dit deux jours seulement.

ELSIE.

Rien que deux jours!... Mais vous ne pourrez pas!

JEANNE.

Je suis forte, madame, et madame la comtesse ne peut guère se passer de moi. Et puis, je viens de voir la petite. Elle est ravissante, mais un peu pâle, et vous devez désirer qu'elle change d'air.

ELSIE. Elle sonne; Meg entre et prend un flambeau.

Oui! elle avant moi, avant tout! Allez vous reposer, ma chère, vous m'avez fait grand bien, et, si vous en faites autant à mon Hélène, je vous aimerai... comme ma sœur! Aimez-la bien. — Allez, nous nous reverrons demain.

Elle tend ses deux mains à Jeanne, qui sort précédée de Meg portant un flambeau. — La scène n'est plus éclairée que faiblement par une petite lampe.

SCÈNE V

ELSIE, puis MAXWELL.

ELSIE.

Dans deux jours! Encore deux jours, et je ne la verrai plus! (Elle s'agenouille au prie-Dieu.) Mon Dieu!... je vous offre ce déchirement en expiation!...

MAXWELL, entrant par la porte vitrée.

Elsie!

ELSIE, *étouffant un cri.*

Vous! quand le comte vient d'arriver?

MAXWELL.

C'est pour cela. Il faut que je vous parle. Votre nourrice vient de me dire que la Française est arrivée aussi et qu'elle va emmener Hélène. Qui est-elle, cette femme? Où est-elle?

ELSIE.

C'est une personne très-sûre. N'espérez pas la faire manquer à son devoir.

MAXWELL.

Vous consentez donc?... Ah! faible cœur!

ELSIE.

Hélène est malade, il faut...

MAXWELL.

Elle ne l'est plus, elle ne l'est pas! Est-ce moi qui m'y tromperais? On veut l'éloigner de vous, de moi...

ELSIE.

C'est le châtiment qu'on nous inflige.

MAXWELL.

De quel droit l'époux infidèle punirait-il l'épouse délaissée?

ELSIE.

Ah! ne vous justifiez pas!

MAXWELL.

Moi, je m'accuse; mais vous...

ELSIE.

Ne me justifiez pas non plus. Vos soins ne peuvent me sauver : je meurs du repentir de mon égarement.

MAXWELL.

Vous ne m'aimez donc plus? Ah! vous êtes lasse de souffrir, pauvre Elsie! Mais je ne me décourage pas, moi!

Je ne vous quitterai pas, je veillerai sur vous, sur cette enfant que j'adore. Elsie, je ne veux pas qu'on l'emmène. Votre mari a le droit de me tuer, que n'en use-t-il ? Il aime mieux me torturer, m'arracher le cœur, m'enlever ma fille ! ... Je ne le veux pas, moi. Résistez, je l'exige !

ELSIE.

Vous voulez donc me perdre, livrer ma vie au scandale, priver Hélène d'avenir et de nom ?

MAXWELL.

Et vous qui l'envoyez dans une famille étrangère, vous voulez donc qu'elle doive son nom et son avenir à un mensonge ? Non, cette lâcheté que vous voulez m'imposer révolte mon honneur et ma conscience. Ne préférez pas votre réputation à ma dignité, à la vie de votre enfant que l'on expatrie, qu'on livre à des inconnus, que l'on expose, volontairement peut-être, à mourir dans ce voyage !

ELSIE.

Ah ! que vous me faites de mal ! Voyez, je suis mourante. Le peu de fortune que j'ai, mon mari le dissipera en un jour. Il épousera Hilda Sinclair, qui est riche, ambitieuse d'un titre, et qui le dominera, elle ! Hilda Sinclair qui vous hait, parce que, quand votre amour pour moi n'était encore qu'une amitié dévouée, vous avez osé lui reprocher de m'enlever la protection de mon mari. Cette femme opprimera et maltraitera Hélène... Oh ! Dieu ! que deviendra ma pauvre enfant si elle ne trouve pas un appui dans ma belle-mère ! Vous n'avez pas de droits sur elle, vous ne pouvez ni l'adopter ni l'élever ; ne m'empêchez pas de la soustraire à l'avenir qui l'attend ici... Hélas ! vous ne pourriez le conjurer, vous êtes pauvre !

MAXWELL.

Pauvre et obscur, oui ; mais je ne suis ni un dissipateur ni un oisif, moi ! J'ai de la volonté, j'ai de l'avenir, je le sais, je le sens, je connais ma force et rien ne m'effraye. Je ne peux ni adopter ni élever ma fille? Vous vous trompez, Elsie, je jure qu'un moment de courage peut nous sauver tous trois. Ne rougissons plus d'une faute que le mensonge aggrave. N'usons plus nos forces à déplorer une faiblesse irréparable; faisons-en une énergie, un devoir, un avenir nouveau. Sachez que votre mari aspire à rompre les liens qui vous unissent et qui, à votre insu, n'ont pas été régulièrement formés. Ne le trompez pas davantage. Allez chercher Hélène et fuyons ensemble. Fuyons tout de suite. Que votre amour maternel se ranime et je réponds de votre guérison, moi! Aidez-moi à vous sauver, voilà tout ce que je vous demande.

ELSIE.

Eh bien, oui... Ah! ma tête se trouble... Non! J'ai peur!...

MAXWELL.

Que craignez-vous? Ne savez-vous pas que, dès le premier jour, j'ai accepté toutes les conséquences de ma passion? Ne vous ai-je pas cent fois offert ce que je vous demande à genoux maintenant?... Doutez-vous de moi? Ne suis-je pas un homme de résolution soudaine et d'éternel dévouement? Allons, venez! Hélène est encore là. Votre mari ne nous poursuivra pas, vous le savez bien; vous savez bien qu'il aime ailleurs et qu'il ne daigne pas être jaloux! (Le comte entre.) Vous savez bien qu'il ferme les yeux, ce Français philosophe, et qu'il ne veut pas se battre avec moi pour si peu de chose que son honneur conjugal et le cœur de sa femme!

LE COMTE.

Vraiment!...

Elsie jette un cri, s'affaisse en silence sur le canapé et s'évanouit.

SCÈNE VI

LE COMTE, MAXWELL, ELSIE.

LE COMTE.

Ce Français philosophe aime ailleurs, en effet, et vous

refuse la satisfaction de le faire souffrir. Il se contentera de répudier le souvenir de cette femme infidèle ; elle se repent, il ne veut ni la diffamer ni la tuer : mais il ne vous laissera point afficher la possession d'un vivant témoignage de votre victoire sur elle. L'enfant est partie. (Mouvement de Maxwell.) Et vous ne courrez pas après elle, car vous allez vous battre avec moi, sans témoins, et sur l'heure !

Il sonne. Entre Meg.

MAXWELL.

Enfin !

Il sort par la porte vitrée, suivi du comte.

ACTE PREMIER

Un salon gai, largement éclairé par trois portes-fenêtres au fond, ouvertes et donnant sur une véranda d'où l'on voit la mer entre les montagnes. — Au bord de la terrasse, un palmier et des aloès se détachant sur le fond. — A droite, premier plan, une porte conduit dans un boudoir. — A gauche, même plan, une porte conduit à la salle à manger et aux appartements de l'intérieur. — Un piano, une grande table, un grand fauteuil, des jardinières pleines de fleurs intérieur confortable, sans éclat ni prétention.

SCÈNE PREMIÈRE

MICHELIN, JEANNE.

MICHELIN, *sur le seuil de la salle à manger.*

Combien de couverts pour le dîner, mademoiselle Jeanne ?

JEANNE, *qui arrange les fleurs.*

Attendez, Michelin : Monsieur Marcus.

MICHELIN, *écrivant les noms sur un cornet.*

Le petit-neveu de madame, ça va sans dire.

JEANNE.

Monsieur Barthez et Monsieur Pons.

MICHELIN.

Le notaire et le médecin... nous disons trois.

JEANNE.

Monsieur Castel et son neveu.

MICHELIN.

Le maître de musique et le précepteur : c'est l'habitude. Après ?

JEANNE.

Voilà tout ; avec madame la comtesse et sa petite-fille : sept couverts.

MICHELIN.

Sept couverts seulement pour un jour de fête ? l'anniversaire, le vingtième anniversaire de mademoiselle Hélène ? Excepté monsieur Marcus, qui est aussi un Mérangis, ces dames n'auront pas aujourd'hui un seul nom à leur table !

JEANNE.

Il faut en prendre votre parti, monsieur Michelin ; madame de Maleval a son rhumatisme, elle ne viendra pas ; son mari et son fils sont allés, avec monsieur de Fourvières, à Marseille, pour cette affaire qui inquiète tant de personnes dans le pays.

MICHELIN.

Ah ! oui, la grande faillite ! J'ai entendu parler de ça. Ça m'est égal, je n'ai rien placé là dedans. Alors, sept couverts ! (Fausse sortie.) N'allez pas croire, mademoiselle Jeanne, que je méprise les personnes. Monsieur Barthez est un notaire respectable, il a ma confiance. Le docteur est l'ami de la famille, il me soigne très-bien. Monsieur Césaire Castel est un jeune savant qui a fait l'éducation des deux enfants de la maison, on lui doit des égards ; mais son oncle, le musicien, vous m'avouerez, mademoiselle Jeanne, qu'il manque de circonspection.

JEANNE.

Mais il est si dévoué à madame !

MICHELIN.

Et puis madame aime la musique et l'entend encore fort bien. Moi aussi, j'aime la musique. Tout ce que j'en dis...

Mais voilà M. Césaire avec des livres... (A part, en s'en allant.) Encore des livres! Avec ça qu'il ne veut pas qu'on les range!

Il sort par la salle à manger.

SCÈNE II

JEANNE, CÉSAIRE.

CÉSAIRE, qui est entré, portant des livres, une boîte à violon, un cahier, un petit tableau encadré.

Bonjour, mademoiselle Jeanne.

JEANNE, qui l'aide à se débarrasser.

Vous venez seul?

CÉSAIRE.

Non, voilà le violon; mon oncle viendra pour accompagner Hélène au piano. Tenez! voilà le pastel qu'elle m'avait chargé de faire encadrer. Ce n'est pas mal, n'est-ce pas, ce petit cadre dont les ornements rappellent un peu les hiéroglyphes? C'est moi qui en ai donné le dessin.

JEANNE.

Moi, je trouve que ça ne va guère avec un portrait moderne.

CÉSAIRE.

Pourtant, les hiéroglyphes... ça va avec tout, je trouve!

JEANNE.

Si monsieur Marcus était là, il dirait que c'est votre toquade du moment; l'année dernière, c'étaient les druides, vous étiez celtique de la tête aux pieds; l'année prochaine, qu'est-ce que ce sera?... Pourquoi me regardez-vous?

CÉSAIRE.

Parce que vous n'avez jamais l'air si bon et si aimable que

quand vous vous moquez de moi ! Vous rendez bien Hélène un peu railleuse aussi...

JEANNE.

Perdez donc l'habitude de dire *Hélène !* Vous voyez toujours en elle une enfant, et la voilà bientôt majeure.

CÉSAIRE.

C'est juste, Jeanne,.... mademoiselle Jeanne ! vous seule avez le droit... je dirai comme vous voudrez... Je suis venu de bonne heure, parce que c'est jeudi...

JEANNE.

Mon cher ami, vous croyez distraire et amuser mademoiselle avec vos antiquités. Elle aime l'étude, mais pas jusqu'à la manie. J'ai bien peur qu'elle ne travaille plus avec vous que par complaisance pour vous. Dans tous les cas, elle ne travaillera pas aujourd'hui. Elle a été avec sa grand'mère à Antibes. Rangez vos livres.

CÉSAIRE, qui éparpille ses livres sur toute la table.

Oui, oui, c'est ce que je fais. Mais ne croyez pas que j'ennuie Hélène. Je résume pour elle avec un soin... Si j'apporte tous les livres où j'ai puisé, c'est pour qu'elle puisse vérifier. Elle n'est pas tenue de me croire sur parole... Vous vous en allez déjà ? J'avais tant de choses à vous dire, et voilà que je ne sais plus...

JEANNE.

Vous me le direz plus tard. Il faut que je m'occupe du dessert.

CÉSAIRE.

Ah ! si fait, tenez, une bonne nouvelle ! Monsienr le docteur Maxwell est arrivé d'Angleterre cette nuit.

JEANNE, inquiète.

Vous l'avez vu ? Il vient plus tôt que les autres années.

CÉSAIRE.

Je l'ai vu ce matin en passant devant sa villa. Je lui a

parlé. Il va venir aujourd'hui; Hélène sera contente !.. Vous pensez que non?

JEANNE.

Vous ne savez pas ce que je pense, Césaire; je ne dis rien du tout.

CÉSAIRE.

Justement! Quand vous voyez monsieur Maxwell ou qu'on vous parle de lui, vous avez toujours l'air mystérieux que les anciens prêtaient à la déesse Isis.

JEANNE.

S'il y a un personnage mystérieux, ce n'est pas moi, c'est lui.

CÉSAIRE.

Comment un homme d'une si grande renommée pourrait-il être mystérieux?

JEANNE.

Vous ne trouvez pas singulier qu'étant si riche, si occupé, si recherché, dit-on, dans son pays, il vienne s'enterrer, seul, tous les hivers, depuis trois ans, dans l'habitation la plus isolée et le coin le plus désert de la Provence?

CÉSAIRE.

Je ne comprendrais pas qu'un homme de ce mérite n'aimât pas à se retremper dans la solitude. Quel plus beau pays, quelle plus douce saison pourrait-il choisir pour se reposer de ses fatigues de l'année? Hélène ne partage pas vos méfiances, Jeanne! Pardon! mademoiselle Jeanne!

JEANNE.

Mais ce n'est pas moi que je vous dis d'appeler mademoiselle: c'est Hélène.

CÉSAIRE.

Ah oui! Hélène! très-bien, pardon! Je dis qu'elle apprécie cet homme dévoué, charitable, séduisant... Que craignez-vous donc de lui?

JEANNE.

Rien; mais, quand elle le revoit, c'est une émotion pour elle, son rêve d'Écosse lui revient.

CÉSAIRE.

Parce que M. Maxwell est de ce pays-là? Eh bien, cette liaison d'idées s'explique. Qu'importe, d'ailleurs? Hélène se souvient si peu de sa mère !

JEANNE.

Elle ne s'en souvient pas du tout.

CÉSAIRE.

Alors, ses rêves n'ont rien de triste.

JEANNE, à part.

Ils sont affreux, au contraire ! Mais, le voici, monsieur Maxwell !

SCÈNE III

LES MÊMES, MAXWELL.

MAXWELL.

Votre serviteur, mademoiselle Jeanne. Je me réjouis de vous retrouver toujours aussi fraîche et aussi belle.

CÉSAIRE, touché.

Ah ! n'est-ce pas, que mademoiselle Jeanne... ?

JEANNE.

Eh bien, Césaire, vous allez me faire des compliments, à présent? (Césaire est troublé. A Maxwell.) Vous avez fait un bon voyage, monsieur?

MAXWELL.

Le voyage qui me ramène ici me paraît toujours heureux.

JEANNE.

Vous aimez beaucoup nos montagnes nues? vous devriez préférer vos belles bruyères.

MAXWELL.

Vous ne les avez point oubliées?

JEANNE, avec intention.

Je n'ai rien oublié de ce pays-là.

MAXWELL.

Vous n'avez pourtant fait que le traverser, il y a bien longtemps.

JEANNE.

Il y a maintenant quatorze ans... Vous m'avez dit qu'à cette époque-là, vous n'étiez pas en Ecosse...

MAXWELL.

J'ai quitté mon pays fort jeune.

JEANNE.

Vous êtes, en effet, très-jeune encore.

MAXWELL, avec un sourire forcé.

Vous trouvez, mademoiselle Jeanne?

JEANNE, bas, à Césaire.

Il élude toujours!

CÉSAIRE, bas, à Jeanne.

Il élude quoi? (Haut.) Que cherchez-vous?

JEANNE, haut.

Le portrait! je le tenais tout à l'heure, et vous l'avez déjà enfoui sous vos livres. Ah! le voilà!

JEANNE, présentant le portrait à Maxwell.

Vous savez ce que c'est?

MAXWELL, maître de lui.

C'est l'ouvrage de mademoiselle de Mérangis?

CÉSAIRE.

C'est la copie agrandie, ou plutôt la traduction d'une miniature que sa pauvre mère lui a envoyée en mourant, bien peu de temps après avoir confié à Jeanne cette enfant qu'elle a élevée avec tant d'amour et qui nous est si chère. N'est-ce pas, monsieur Maxwell, qu'elle fait tout ce qu'elle veut? Regardez, regardez! Vous êtes un fin connaisseur, vous, et elle aime à vous consulter. Regardez aussi l'encadrement! c'est moi qui en ai donné le dessin.

JEANNE, à Maxwell.

Regardez quel triste et doux visage! et comme il ressemble! ne trouvez-vous pas?

MAXWELL, un peu sévère.

Comment le saurais-je?... (Il regarde le portrait.) Mademoiselle Hélène a vraiment du talent!

JEANNE, à part.

Comme il est maître de lui! Est-ce que je me suis trompée? (Fausse sortie en le regardant jusqu'à ce qu'elle le voie baiser le portrait à la dérobée.) Ah!

Elle sort.

SCÈNE IV

CÉSAIRE, MAXWELL.

MAXWELL.

Dites-moi, mon cher Césaire... (Césaire, qui s'est plongé dans un livre, relève la tête.) Nous n'avons pu échanger que quelques mots, ce matin; mademoiselle Hélène ne se marie donc pas? Est-ce que vous soupçonnez toujours le petit cousin Marcus d'être secrètement préféré?

CÉSAIRE.

Monsieur, c'est une énigme à dérouter un sphinx que la tête d'une femme, et le cœur d'une jeune fille est un labyrinthe d'où Thésée ne fût certainement pas sorti. Mademoiselle Hélène est une personne supérieure, dont la sagesse et la compréhension m'étonnent toujours. Eh bien, il me semble parfois qu'elle éprouve les mêmes ennuis, les mêmes agitations qu'une personne ordinaire; et, dès lors, si elle doit aimer quelqu'un, il est si naturel que Marcus, son parent, son compagnon d'enfance, celui que, tout en la laissant libre de choisir, sa grand'mère lui a toujours destiné...

MAXWELL, un peu brusque.

Vous êtes tous trop habitués à Marcus, vous ne le connaissez plus; je l'observe, moi! Il est froid et frivole.

CÉSAIRE.

Permettez! frivole, non; ce n'est là que la surface... Froid... il n'est peut-être que gauche. Il ne comprend pas d'emblée les choses difficiles. Il craint un peu la peine, il n'a jamais connu ça, lui! Ce n'est pas un cerveau prime-sautier comme celui d'Hélène, qui, par vaillance naturelle, franchirait des abîmes... Elle rêve peut-être un paladin de l'Arioste. Vous me l'avez un peu gâtée, un peu exaltée, vous!

MAXWELL.

Moi?

CÉSAIRE.

Dame! vous aimez les choses sublimes et vous en parlez avec un sentiment qui fait qu'on est sous le charme; mais les tempéraments héroïques, monsieur, sont bien rares depuis les temps fabuleux, et mademoiselle Jeanne est d'avis qu'Hélène devrait rabattre un peu de son idéal.

MAXWELL.

Et c'est parce que Jeanne le croit, que vous le croyez aussi.

CÉSAIRE, ingénument.

Dame!...

MAXWELL.

Croyez-en plutôt, mon cher Césaire, l'expérience d'un homme qui a plus vécu à lui seul, que les hôtes de cette maison tous ensemble. Il faut qu'une femme puisse aimer sérieusement son mari, ou l'estimer sans réserve, pour rester invulnérable aux dangers de la vie.

CÉSAIRE.

Pardon ! je n'accepte pas cette morale-là, moi ! l'amour du devoir suffit à tout.

MAXWELL.

Et le bonheur de la femme, vous le comptez pour rien ?

CÉSAIRE, *s'animant.*

Pardon ! mais je le place dans le triomphe de sa vertu ; et je dis qu'aucun membre de la société, à quelque sexe qu'il appartienne, n'a le droit d'être heureux à tout prix. C'est avec cette soif aveugle que l'on tombe d'un malheur dans un pire et d'un hymen sans joie dans un abîme sans fond, l'ivresse qu'on expie !

MAXWELL, *ému.*

Vous avez raison, Césaire ! Vous êtes un homme de bien, et vous donnez à Hélène d'excellents conseils... Mais ce n'est pas tout que d'armer une jeune âme pour ces combats sublimes, il faut lui choisir le terrain favorable.

CÉSAIRE.

Pourtant... Mais voici Hélène.

SCÈNE V

LES MÊMES, HÉLÈNE.

HÉLÈNE, *venant par la terrasse.*

Quelle bonne surprise !... (*Elle tend les mains à Maxwell, qui les lui baise avec émotion.*) Vous arrivez juste pour mon anniversaire !

MAXWELL.

Vous croyez que c'est par hasard ?

HÉLÈNE.

Césaire, allez donc aider ma bonne maman à monter chez elle.

CÉSAIRE, lui présentant un bouquet qu'elle ne songe pas à prendre.

Oui, Hélène... oui, ma...mad... ma chère Hélène.

Césaire sort après avoir mis son bouquet sur la cheminée.

HÉLÈNE.

Moi, en apprenant que vous étiez ici, je l'ai laissée au bras de Jeanne. J'étais pressée de vous voir, de vous voir seul.

MAXWELL.

Je sais que sa santé vous inquiète.

HÉLÈNE.

Ce n'est pas qu'elle soit malade. C'est un déclin rapide comme si la vie était usée et s'en allait sans secousse; sa vue est bien plus affaiblie que l'année dernière. Par moments, elle entend, et puis, à la suite de syncopes qui nous effrayent, elle n'entend plus, ou ne parle plus, sa mémoire s'éteint ou s'égare.

MAXWELL.

Ce n'est pourtant pas précisément l'âge de ce déclin !

HÉLÈNE.

Elle a tant souffert dans sa vie !

MAXWELL.

Oui, dès sa jeunesse; tout le monde le sait, son mari...

HÉLÈNE.

Et son fils, toujours absent, ne l'a pas consolée ! Enfin les années lui ont compté double.

MAXWELL.

Mais vous avez tout remplacé, et, d'ailleurs, elle a une

grande force morale; j'aime mieux la croire malade qu'épuisée... Je la verrai ce soir.

HÉLÈNE.

Oh !... Vous n'allez pas dîner avec nous ?

MAXWELL.

Impossible ! j'attends mon courrier. J'aurai peut-être à répondre; je cours chez moi, mais, après...

HÉLÈNE.

Bien sûr ?

MAXWELL, tendrement.

Vous en doutez ?

HÉLÈNE.

Que vous êtes bon ! Vous me regardez ? vous me trouvez changée ?

MAXWELL, attendri.

Oui, embellie encore !

HÉLÈNE, ingénument.

C'est étonnant, je suis pourtant vieillie intérieurement.

MAXWELL.

Seriez-vous moins heureuse !

HÉLÈNE.

Je suis moins imprévoyante. Je commence à croire qu'on peut perdre les êtres que l'on aime, qu'on peut avoir des ennemis.

MAXWELL, attentif.

Des ennemis ? Vous pensez...

HÉLÈNE.

Je pense souvent à cette femme que mon père a épousée si vite après la mort de ma pauvre mère. — Nous étions encore en deuil, ici! Cette personne est cause qu'il m'a pourtoujours, oubliée ; jamais il n'a daigné tracer mon nom dans les lettres qu'il écrit à ma grand'mère.

MAXWELL.

Une seule fois, il y a trois ans, pour l'engager à vous faire religieuse.

HÉLÈNE.

Oui, vous vous souvenez? C'est l'époque où vous êtes venu vous établir auprès de nous, et vous nous avez dit que j'avais tellement besoin de liberté, qu'enfermée dans un couvent, je mourrais. Ma grand'mère s'est donc refusée à m'y mettre, et depuis ce moment-là, il ne lui a plus écrit, comme s'il était mécontent d'elle. Et elle a souffert pour moi, ma bonne mère ; car, je le devine bien, à présent, c'est pour ne pas me voir, c'est pour ne pas me connaître qu'il n'est jamais revenu ici. Nous savons pourtant qu'il a quitté la marine active, et ne peut plus prétexter les voyages.

MAXWELL.

Et vous vous affectez de son indifférence ? vous craignez son aversion ?

HÉLÈNE.

Un père peut-il haïr ? C'est sa femme qui l'éloigne de moi. Elle croit que c'est son droit ! Elle lui a donné d'autres enfants, des garçons dont il est fier, que j'aurais aimés, moi, si l'on m'eût permis de les connaître. Vous ne les connaissez pas ?

MAXWELL.

Non.

HÉLÈNE.

Vous n'avez pas rencontré mon père ?

MAXWELL, vivement.

Je ne le connais pas.

HÉLÈNE.

Je sais bien ; mais, durant ce dernier séjour que vous venez de faire à Londres, vous auriez pu, par hasard...

MAXWELL.

Je crois qu'il n'y vient jamais. N'est-il pas fixé à Édimbourg ? Enfin, vous appréhendez...

HÉLÈNE.

Une chose terrible ! Je crains que ma grand'mère ne meure sans l'avoir revu !

MAXWELL, attentif.

Vous n'avez pas ouï dire qu'il fût malade ?

HÉLÈNE.

Non; mais, si je le perdais, j'aurais à pleurer cette longue douleur de ma grand'mère, dont j'aurais été la cause et qui aurait peut-être abrégé sa vie.

MAXWELL.

Nous la ferons vivre, mademoiselle Hélène ! Le bon vieux docteur Pons la voit toujours ?

HÉLÈNE.

Oh ! lui, c'est le médecin Tant-Pis, et, quand on espère si peu, on n'agit pas assez.

MAXWELL.

C'est un homme de savoir et d'expérience, mais un peu matérialiste. Il parle toujours de la nature comme si l'esprit n'en faisait point partie. Moi, je crois que l'âme gouverne, et j'attends toujours d'elle de grands efforts, surtout quand elle est grande !

HÉLÈNE.

Aussi, quand vous êtes là, près de nous, je me sens revivre. Vous n'avez jamais dû perdre les malades qui vous étaient chers?

MAXWELL.

Hélas ! j'ai perdu une personne qui m'était plus chère que moi-même !

HÉLÈNE.

Alors, c'est qu'elle a voulu mourir?

MAXWELL, douloureusement.

Cela arrive quelquefois, Hélène !

HÉLÈNE.

On dit que les vieillards se lassent de vivre et qu'ils s'en vont par besoin de repos ; ma bonne maman si aimante, ne veut pas nous quitter, j'en suis bien sûre !

MAXWELL.

Il ne faut pas qu'elle nous quitte ! (Lui baisant la main.) A ce soir... Peut-être me parlerez-vous de Marcus ?

HÉLÈNE.

Pourquoi ? Il n'éprouve pas le besoin qu'on s'occupe de lui !

MAXWELL, avec un mouvement de satisfaction.

Vraiment ?...

Il sort. Jeanne et Césaire sont entrés et ont entendu les dernières répliques.

SCÈNE VI

HÉLÈNE, CÉSAIRE, JEANNE.

JEANNE.

Vous voilà encore dans vos bouderies contre Marcus ! Il vient d'arriver. Il est auprès de votre bonne-maman.

HÉLÈNE, un peu émue.

Ah ! il est là ?

CÉSAIRE, souriant.

Cela ne vous contrarie pas, j'imagine ?

HÉLÈNE.

Ça m'est bien égal ! (A Jeanne.) Mais, s'il vient me déranger pendant ma leçon, tu te chargeras de le faire tenir tranquille avec un livre d'images.

JEANNE.

Comme quand il avait dix ans!

HÉLÈNE.

Dans ce temps-là, il aimait les petits soldats; à présent, il préfère les petites dames du *Journal des Modes.*

CÉSAIRE.

Qu'importe, s'il ne les aime qu'en peinture?

HÉLÈNE.

Je ne sais trop de quoi vous vous mêlez, Césaire!

CÉSAIRE, surpris.

Le mot est un peu dur! vous avez de l'ennui? Voulez-vous jeter les yeux sur un petit abrégé, vraiment agréable, que j'ai fait pour vous? C'est l'histoire des soixante-seize pharaons de la quatorzième dynastie, depuis l'an 3004 avant notre ère, jusqu'à...

HÉLÈNE.

Cela doit être charmant, mon cher ami, mais... vos notes sont quelquefois bizarres et je vous remercie; je ne vous lirai pas aujourd'hui.

CÉSAIRE, bas, à Jeanne.

Qu'a-t-elle donc? elle est malade! Jamais elle ne m'a parlé avec cette aigreur... et mes notes ne sont point bizarres, je proteste!

JEANNE, bas, à Césaire.

Laissez-moi avec elle. Il y a quelque chose certainement. Il faut que je le sache.

CÉSAIRE, en sortant.

Bizarres! bizarres! comme professeur, j'ai le droit de protester et mes notes ne sont point bizarres... l'histoire égyptienne n'a rien de bizarre... Je proteste!

Il sort.

SCÈNE VII

HÉLÈNE, JEANNE.

JEANNE.

Pourquoi maltraitez-vous ainsi votre bon Césaire, aujourd'hui?

HÉLÈNE.

Pourquoi? parce que je suis furieuse! Tiens! vois les jolies notes qu'il oublie dans ses livres.

Elle donne une lettre à Jeanne.

JEANNE.

Qu'est-ce que c'est que ça? Une déclaration?

HÉLÈNE.

Tu vois bien.

JEANNE.

Oui, mais c'est pour moi!

HÉLÈNE.

Tu es sûre?

JEANNE.

Voulez-vous voir? j'en ai d'autres dans ma poche, en style également sublime. Il est distrait, il croit les brûler et le vent les promène dans toute la maison. Vous riez?

HÉLÈNE.

Je ris de ma colère! Mais je suis bien contente, va! Ce cher Césaire! Il t'aime! il a bien raison... Je cours l'embrasser, lui dire que les pharaons sont mes meilleurs amis et que je veux vous marier...

JEANNE.

Pas encore.

HÉLÈNE.

Tu ne l'aimes donc pas? Tu as bien tort!

JEANNE.

Je l'aime beaucoup, mais il y a une personne que je préfère.

HÉLÈNE.

Ah! qui donc?

JEANNE.

Vous! Il n'y a que votre avenir qui m'intéresse. Le mien sera toujours à mon gré si je vous vois heureuse, et si je reste près de vous. Césaire est trop dévoué pour ne pas comprendre cela et trop raisonnable pour en être jaloux.

HÉLÈNE.

Tu te trompes ou tu veux me tromper : l'amour n'est pas si peu de chose que cela! Tu le dédaignes, toi qui l'inspires, et moi qui l'ai quelquefois rêvé, je ne le rencontrerai pas!

JEANNE.

C'est Monsieur Maxwell qui vous met cette belle idée dans la tête?

HÉLÈNE.

Oh! celui-là, tu en es jalouse! tu t'imagines que je suis éprise de lui!

JEANNE, *vivement.*

Vous vous trompez, je n'imagine point cela.

HÉLÈNE.

Tu aurais grand tort; jamais cette idée-là ne me viendrait. On serait heureuse d'être la sœur d'un homme si pur et si affectueux, mais sa femme, non! Il a trop aimé, il n'aimera plus.

JEANNE.

Est-ce qu'il vous parle de son passé, à vous?

HÉLÈNE.

Jamais. Et c'est le soin qu'il prend de ne jamais se laisser pénétrer qui me fait croire à une jeunesse douloureuse, tragique peut-être ! C'est cela qui m'intéresse à lui et qui met une sorte de tendresse dans le respect qu'il m'inspire.

JEANNE.

Toujours le roman !

HÉLÈNE.

Vas-tu dire comme Marcus ! Il ne peut pas souffrir monsieur Maxwell.

JEANNE.

Il en est peut-être jaloux ?

HÉLÈNE.

Marcus jaloux ? quelle plaisanterie !

JEANNE, regardant au fond.

Le voilà qui vous cherche. Je retourne auprès de madame.

HÉLÈNE.

J'y vais avec toi !...

JEANNE.

Pourquoi ces caprices, à présent ? Enfants, vous étiez inséparables, vous vous amusiez si bien ! Et quand vous n'êtes pas fantasques, vous avez encore ensemble de ces bons rires qui réjouissent l'oreille de la bonne-maman.

HÉLÈNE.

Et qui me rendent plus triste, moi, quand il est parti. Il y a entre lui et moi beaucoup de souvenirs gais, nous n'avons pas un souvenir tendre ! (Tristement.) Allons ! je vais beaucoup rire, sois contente !

Jeanne sort.

SCÈNE VIII

MARCUS, HÉLÈNE.

MARCUS, lui présentant un bouquet.

C'est ta vingt et unième année qui commence ! Je te la souhaite bonne et heureuse.

Elle lui tend ses deux joues. Il l'embrasse froidement.

HÉLÈNE.

Merci ! voilà de belles fleurs de montagne ! (A part.) Qu'il n'a certes pas cueillies lui-même ! (Haut.) On ne t'a pas vu depuis longtemps ; tu t'es donc bien amusé à la ville ?

MARCUS.

Je ne sais pas si je me suis amusé ; je sais que je ne m'amuserai plus, ni là ni ailleurs.

HÉLÈNE.

Qu'est-ce que ça veut dire ? Tu es contrarié ?

MARCUS.

Très-contrarié, ma chère : je suis ruiné.

HÉLÈNE.

Ruiné?

MARCUS.

A plat ! Tu sais, mes deux cent mille francs, tout mon avoir, tout mon avenir ?

HÉLÈNE.

Eh bien ?

MARCUS.

Ils ont filé dans la débâcle Fargès et Compagnie, de Marseille.

HÉLÈNE.

Tu es sûr ?

MARCUS.

Très-sûr. Voici la lettre de l'ami Fourvières, qui est là-bas, inquiet aussi pour son compte... Qu'est-ce que tu dis de ça ?

HÉLÈNE, lui rendant la lettre.

Ah ! pauvre Marcus ! Est-ce que ma bonne-maman le sait ?

MARCUS.

Il fallait bien le lui dire. Je ne sais pas si elle a bien compris. Elle a vu pourtant que je lui faisais mes adieux, et elle m'a mis dans la main son gros diamant que je te rapporte. Je ne veux rien, je suis de ceux que la pitié humilie.

Il remet d'autorité la bague au doigt d'Hélène.

HÉLÈNE.

Mais qu'est-ce que tu vas devenir ?

MARCUS, lui montrant la mer au loin.

Tu vois d'ici le chemin bleu que je vais prendre. J'irai sur les océans plus ou moins pacifiques, tâcher de faire une petite fortune.

HÉLÈNE.

Est-ce que tu sauras jamais faire fortune, toi ?

MARCUS.

Je suis trop ignorant et trop paresseux, n'est-ce pas ?

HÉLÈNE.

Je ne dis pas cela, mais tu n'as pas de spécialité. Puisque tu as ici un emploi dans les bureaux de la marine, pourquoi ne pas attendre ton avancement ?

MARCUS.

Parce que je manque de souplesse et de grâce pour me faire remarquer, e ne veux pas pourrir dans un bureau. J'ai accepté ce fade exercice pour avoir l'air occupé ; ta grand'mère le désirait, je n'avais rien à lui refuser. Je comptais, par la suite, quand mon capital se serait arrondi dans les affaires, acheter une petite propriété et y vivre en bon gentilhomme sans dépendre de personne. Mon humble rêve est évanoui. Barthez me dit que c'est à recommencer. Fourvières me confie à un capitaine au long cours qui promet de me faire voir du pays. Ce n'est pas précisément mon goût : la mer, ça me rend malade; le commerce, ça vous casse la tête; les nouvelles connaissances, il y a des pays où ça vous mange, sans même vous faire cuire! mais, puisqu'il n'y a plus d'autre ressource, après m'être demandé, ce matin, si je ne ferais pas sauter le peu de cervelle que je possède, j'ai pris mon parti, et je viens dîner avec toi en famille pour la dernière fois.

HÉLÈNE.

Non, Marcus! Il ne faut pas t'en aller, je ne le veux pas.

MARCUS.

Veux-tu me faire croire que tu en mourras de chagrin ?

HÉLÈNE.

Je n'en mourrai pas, mais j'en aurai beaucoup

MARCUS.

Ah! pourquoi? Est-ce que j'en vaux la peine

HÉLÈNE.

Je n'accepte pas l'idée qu'ayant passé presque toute ma vie avec toi, je serai heureuse en te sachant malheureux. Écoute, me voilà bientôt majeure et je n'ai aucune envie de me marier, ma bonne maman consentira à ce que je partage avec toi ce qu'elle compte me donner.

MARCUS.

Tu dis des bêtises pour le plaisir d'en dire. Tu sais fort bien que je n'accepterai jamais rien de toi.

HÉLÈNE.

Alors, tu es ingrat; tu n'as aucune amitié...

MARCUS.

Si fait! Avec ma bonne tante, tu es ma seule affection un

peu sérieuse en ce monde. Mais, à vingt ans, ma pauvre Hélène, tu es une enfant aussi sauvage que le jour où tu nous es débarquée du fond de la Calédonie; tu ne sais pas encore qu'un garçon qui se respecte ne peut rien accepter d'une personne de ton sexe, à moins qu'elle ne soit sa mère... ou sa femme.

HÉLÈNE.

Ou sa sœur ?

MARCUS.

Tu n'es pas ma sœur, et, si tu l'étais, je voudrais encore moins te prendre ta dot et entrer dans les idées de monsieur ton père, en te condamnant au célibat. N'insiste pas, tu m'offenserais.

HÉLÈNE.

Alors... si j'étais ta femme, tu accepterais mon sort? tu le partagerais? Eh bien, marions-nous !

MARCUS.

C'est sérieusement que tu parles ?

HÉLÈNE.

Tu le vois bien.

MARCUS.

Mais... Monsieur Maxwell ?...

HÉLÈNE, étonnée.

Quoi, monsieur Maxwell ?

MARCUS.

Rien... Mais... est-ce que tu me crois épris de toi ?

HÉLÈNE, avec une tranquillité un peu affectée.

Pas le moins du monde.

MARCUS, de même.

Et toi, tu ne m'aimes pas... d'amour ?

HÉLÈNE, même jeu.

Pas davantage.

MARCUS.

Tu m'épouserais par générosité?

HÉLÈNE.

Par dévouement, par amitié fraternelle.

MARCUS.

Si j'acceptais, qu'est-ce que tu penserais de moi?

HÉLÈNE.

Je penserais que tu m'estimes et me comprends.

MARCUS.

Voyons! tu sais que je n'ai jamais fait de sottises. Me crois-tu capable d'en faire?

HÉLÈNE.

Je suis certaine que tu n'en feras jamais.

MARCUS.

Tu ne souffriras pas, toi si studieuse et si instruite, de mon peu de savoir, de mon manque de poésie?

HÉLÈNE.

Si j'en souffre, personne ne le saura et je tâcherai de ne pas le savoir moi-même!

MARCUS.

Tu sais que je ne suis pas comme beaucoup de nos Provençaux, un coureur de lointaines aventures, encore moins un viveur de province; que je ne singe pas les beaux petits messieurs de Paris; que je trouve le vice bête, que je hais la pose, que je suis enfin un brave garçon sans reproche et sans art? Tel que je suis, me tiendras-tu compte, je ne dis pas de mes brillantes qualités, je n'en ai pas, mais de l'absence de défauts choquants et insupportables?

HÉLENE.

Je chercherai là mon bonheur.

MARCUS.

Oh! le bonheur, ma chère, c'est un état négatif; c'est l'absence de préoccupations.

HÉLÈNE.

Je m'habituerai à cette appréciation de la vie.

MARCUS.

Eh bien, attends un peu. Tu me jures que ce n'est pas un coup de tête, que tu n'avais pas rêvé l'idéal avec moi?

HÉLÈNE.

Je te le jure.

MARCUS.

Alors... écoute à ton tour. Voici ma théorie, à moi. On se repent de l'enthousiasme, on se dégoûte de la passion, on en vient toujours à mépriser les idoles; leur état, c'est d'être souffletées un jour ou l'autre. L'amitié ne laisse pas de remords, elle n'est pas l'esclave du caprice. La nôtre dure sans nuages depuis notre enfance, elle peut durer autant que nous! Hélène, je ne t'ai jamais parlé mariage parce que je savais que ta grand'mère le désirait et que j'eusse craint de tromper l'attente de ta jeune imagination : j'aurais tremblé, j'aurais fui peut-être devant ton amour. Mais, puisque c'est ta raison qui prononce, j'accepte ton amitié, ta confiance et ta main.

HÉLÈNE.

Va vite dire à bonne-maman que nous sommes décidés.

MARCUS.

Non! nous savons qu'elle approuvera; mais la position où je suis désormais me défend l'initiative. Tu l'as prise, c'est à toi de la conserver.

HÉLÈNE.

J'y vais.

Elle sort.

MARCUS, *étonné, et comme ivre.*

Eh bien, voilà une solution inattendue, par exemple! elle

a vraiment du cœur, Hélène !... L'ai-je remerciée? Non, ce ne serait pas digne... Elle fait pour moi ce que j'aurais fait pour elle !

SCÈNE IX

MARCUS, BARTHEZ, LE DOCTEUR PONS, puis CÉSAIRE.

LE DOCTEUR, à Barthez.

Ah! vous voilà, notaire de mon cœur ! Bonjour!

BARTHEZ.

Salut au cher docteur Pons! (A Marcus.) Eh bien, mon pauvre garçon...?

BARTHEZ.

Bah! bah ! il a du courage, voyez !

MARCUS.

Du courage et de l'appétit, ma foi, pour le repas des fiançailles.

BARTHEZ.

Quelles fiançailles ?

MARCUS.

J'épouse Hélène.

CÉSAIRE, qui vient d'entrer.

Vraiment?

MARCUS, à Césaire.

Vous êtes content, mon ami?

CÉSAIRE, avec effusion.

Oh ! oui, par exemple !

MARCUS, aux autres.

Et vous?

BARTHEZ, sincèrement.

Enchantés! Et, puisque Hélène n'est pas là, sachez, mes amis, qu'il faut hâter les choses.

MARCUS.

Pourquoi?

BARTHEZ.

Demandez au docteur.

LE DOCTEUR.

Parce que votre pauvre grand'tante...

MARCUS, tristement.

Ne va pas bien? Je comprends!

LE DOCTEUR, à Barthez.

Le testament de madame en faveur d'Hélène est bien en règle?

BARTHEZ.

Autant que possible.

MARCUS.

Qu'importe!

LE DOCTEUR.

Il importe beaucoup! (A Barthez.) Vous n'avez aucune inquiétude sur la validité du premier mariage de monsieur le comte?

BARTHEZ.

Bah!

LE DOCTEUR.

Mais... vous êtes l'homme de loi Tant-Mieux, vous! Ce beau comte de Mérangis, marin à petites prouesses de guerre et à grands succès de femmes, avait épousé un peu lestement miss Elsie Wilmore, sans attendre le consentement de ses parents, à lui, et ce consentement donné après le mariage contracté, vous n'avez jamais pu savoir si l'acte de mariage avait été bien et dûment régularisé?

BARTHEZ.

Qu'importe cela! Le second mariage du comte l'a assez enrichi pour que ses enfants du second lit n'aient point à envier le modeste héritage que la grand'mère destine à son Hélène. Je voudrais bien voir qu'après avoir dévoré en un tour de main son héritage paternel, ce beau marin voulût empêcher sa mère de tester comme elle l'entendra!

MARCUS.

Mais s'il refuse son consentement au mariage d'Hélène?

BARTHEZ

S'il le refuse, il proclame son autorité paternelle et nous le tenons! Nous sommes à l'abri de son caprice.

HÉLÈNE, *entrant.*

Bonjour, monsieur Barthez! bonjour, docteur! Justement ma grand'maman vous attend.

Barthez et Pons sortent.

SCÈNE X

LES MÊMES, HÉLÈNE, JEANNE.

HÉLÈNE.

Elle consent! (*A Marcus.*) Viens! elle veut te le dire et l'embrasser. (*Bas, à Jeanne.*) Tu es contente de moi, à la fin? (*Bas, à Césaire.*) Nous ferons deux noces! (*Ils sortent tous, Jeanne et Césaire sortent les derniers.*)

CÉSAIRE.

Elle a dit deux noces!

JEANNE souriant.

Bah! elle est un peu troublée!

Elle sort.

CÉSAIRE.

Deux noces! Comment pourrait-elle deviner, puisque Jeanne elle-même ne se doute de rien? Deux noces!.

Il sort.

ACTE DEUXIÈME

Même décor. Le jour a baissé, les lampes sont allumées.

SCÈNE PREMIÈRE

CASTEL, JEANNE.

JEANNE, allant et venant.

Vous quittez la table! ce n'est pas la migraine que vous avez, monsieur Castel, c'est du mécontentement.

CASTEL.

Non, c'est de l'indignation!

JEANNE.

Mais qu'est-ce que ça vous fait, ce mariage? Ça ne changera rien ici. Marcus est l'enfant de la maison, votre élève...

CASTEL.

Joli élève!.. en voilà un dont je ne me vante pas.

JEANNE.

On peut être honnête homme sans être musicien, je pense?

CASTEL.

Et moi, je pense le contraire.

JEANNE.

C'est pousser un peu loin...

CASTEL.

Ah! voilà comme vous conseillez Hélène, vous! si elle vous eût écoutée... Heureusement, elle était douée, elle, un vrai rossignol!... Mais lui, quand je pense que madame m'a payé sept ans de leçons que j'ai données à ce canard-là!

Jeanne, qui ne l'écoute guère, est entrée dans le boudoir en emportant des livres, il n'y a pas fait attention. Maxwell est entré.

SCÈNE II

MAXWELL, CASTEL, puis JEANNE, qui revient.

CASTEL, continuant, croyant parler à Jeanne.

Vous m'avouerez que c'est de l'argent volé comme au coin d'un bois? Je ne voulais pas le recevoir; si ce n'eût été pour la tirelire que je destine à mon pauvre enfant... Car il ne faut pas vous imaginer que Césaire soit sans pain! J'y veille, moi, à son insu, et vous n'allez pas faire la renchérie... (Voyant qu'il parle à Maxwell.) Ah! pardon, monsieur le docteur Maxwell, je vous prenais... Mais je suis aise de vous voir... Vous empêcherez peut-être ce mariage-là!

MAXWELL.

Le mariage de Jeanne avec...?

CASTEL.

Non, non, celui d'Hélène avec Marcus...

MAXWELL, vivement.

Mais... il n'en est pas question?

CASTEL.

Il est décidé.

MAXWELL.

Allons donc!

CASTEL.

Officiellement déclaré à dîner!

MAXWELL.

Mais depuis quand Hélène...?

CASTEL.

Depuis qu'il a perdu son argent; un coup de tête!

MAXWELL.

Un élan généreux... C'est bien d'elle!

CASTEL.

Vous l'approuvez?

MAXWELL.

Je l'admire! Mais j'apporte une nouvelle qui va tout changer.

CASTEL.

A la bonne heure! Vous êtes l'ange gardien de cette maison, vous!

MAXWELL, regardant vers la gauche.

Monsieur Barthez est là?

Jeanne rentre.

CASTEL.

Oui, à table encore. L'appellerai-je?

MAXWELL.

Laissons finir le dîner.

CASTEL.

Enfin, faites ce que vous voudrez; mais empêchez cette monstrueuse dissonance. (Sans voir Jeanne.) C'est Jeanne qui le protége, son Marcus! Elle l'a élevé aussi, et elle vous dira qu'il est sage et honnête: belle affaire! et puis qui sait si sa conscience n'est pas plus délicate que son oreille...

JEANNE.

Ce que vous dites là n'est pas bien, monsieur Castel, et vous ne le pensez pas; au fond, vous aimez Marcus.

CASTEL, bondissant.

Moi? vous voulez me fourrer dans vos sensibleries? parce qu'il est orphelin! je me soucie des orphelins comme de...

JEANNE.

Eh bien, et Césaire que vous avez élevé?...

CASTEL.

Césaire... Césaire... Allez vous promener! (A Maxwell.) Sauvez Hélène, vous! Sauvez-la à tout prix, vous me l'avez promis. Les orphelins! les orphelins!

Il sort en grommelant.

SCÈNE III

MAXWELL, JEANNE.

JEANNE.

Vous l'avez promis?

MAXWELL.

Je me le suis juré à moi-même.

JEANNE.

Et ce mariage, vous l'empêcherez à tout prix?

MAXWELL.

Oui, mademoiselle Jeanne.

JEANNE.

Pourquoi?... Qu'avez-vous donc contre Marcus, monsieur Maxwell?

MAXWELL.

J'ai ceci, d'abord, qu'il est un Mérangis, et que les hommes de cette famille respectent peu les liens du mariage.

JEANNE.

Qu'est-ce que vous en savez? Qui donc êtes-vous, monsieur, pour disposer du sort d'Hélène et contrarier les intentions de sa grand'mère?

MAXWELL, avec autorité.

Qui je suis?

JEANNE.

Vous n'oseriez le dire.

MAXWELL, avec force.

Vous voulez donc que je vous le dise?

JEANNE, effrayée.

Non, non, monsieur, ne le dites pas, je ne veux pas le savoir!

MAXWELL.

Et depuis longtemps, vous le savez, pourtant! il y a longtemps, que, pour en être plus sûre, vous me faites horriblement souffrir!

JEANNE.

Eh bien, oui! il y a longtemps que je vous ai deviné et que j'ai reconnu l'homme aux cheveux blonds dont la cicatrice n'est pas toujours bien cachée. Tenez, la voilà! J'ai vu la blessure toute fraîche, j'ai vu ces cheveux teints de sang, ces choses-là ne s'oublient pas! Dès le premier jour où vous êtes entré ici, je me suis dit : C'est lui!... C'est l'homme que j'ai vu là-bas, couché sur la neige dans le parc de Linsdale, au moment où, éloignée par l'ordre violent du comte, je revenais furtivement sur mes pas avec Hélène à qui je ne voulais pas ravir le dernier baiser de sa mère... Il faisait une nuit sombre, effrayante! On s'était battu à la lueur d'une torche plantée dans la neige; la flamme, rabattue par le vent, éclairait votre visage livide... vos traits contractés par l'agonie ! Vous respiriez encore, j'eus peur et pitié... vous étiez si jeune pour mourir ! Je me baissai pour vous porter secours, Hélène vous vit alors... (Maxwell tressaille.) Elle vous connaissait, car elle s'échappa de mes bras et tomba sur vous en poussant des cris qui firent revenir sur ses pas celui qui vous avait frappé. Il tenait encore une arme qu'il agitait convulsivement... Je ne sais s'il me voyait, s'il avait conscience de quelque chose, mais il me sembla que, si je restais là, il allait tuer cette enfant qu'il n'avait pas voulu embrasser en se séparant d'elle... Je ne sais ce que je compris, je ne sais pas si je devinai... Je repris Hélène, je m'enfuis, je ne cessai de trembler pour elle que quand nous fûmes embarquées et loin du rivage !

MAXWELL.

Et elle se souvient ! dites ! elle se souvient, et je ne le savais pas !

JEANNE.

Ne lui parlez jamais de cela ! je lui ai persuadé à grand' peine qu'elle l'avait rêvé, mais longtemps il lui est resté une épouvante ; longtemps, elle a été poursuivie par le spectre d'un homme mort sur la neige. Elle voyait du sang sur elle, elle criait et pleurait à me déchirer le cœur. Elle me redemandait sa mère et son ami... Oh ! la douloureuse enfance, et que de mal vous lui avez fait déjà ! contentez-vous du passé !

MAXWELL.

Elle ne m'a pas oublié ! elle ne me reconnaît pas, elle me devine ! Elle a pour moi, pour moi seul, un regard si tendre et si profond... elle m'a vu blessé, mourant... elle s'est jetée sur moi, elle m'a embrassé, peut-être !... Ah ! c'est cela qui m'a empêché de mourir !... ma pauvre enfant, mon enfant !...

JEANNE.

Taisez-vous, taisez-vous, monsieur ! Madame ne soupçonne rien, je n'ai rien raconté ; le comte n'a jamais rien trahi ! elle regarde Hélène comme sa petite-fille, elle l'aime uniquement, et ce serait la tuer... vous ne le voulez pas, vous ne le pouvez pas; d'ailleurs, vous ne sauriez prouver que vous êtes le père...

MAXWELL.

Malgré vous... malgré moi, d'autres le prouveront.

JEANNE.

D'autres?

MAXWELL.

La preuve existe.

JEANNE.

Quelle preuve? Il n'y en a pas!

MAXWELL.

Il y a des lettres surprises, volées peut-être, par Hilda Sinclair, la seconde femme du comte.

JEANNE.

Mais le comte ne s'en est pas servi, il ne s'en servira pas Il craignait trop le ridicule...

MAXWELL.

Sa veuve s'en servira!

JEANNE.

Sa veuve?

MAXWELL.

Il est sérieusement malade, et je ne pourrai pas détourner le coup fatal qui menace la prétendue grand'mère... On la forcera de désavouer Hélène, il faut donc que je sois là, moi qui ne veux pas la désavouer, mais qui suis prêt à dire, dès qu'elle sera menacée: « Rendez-moi cette enfant, elle est à moi, je la veux, je l'adore, je la réclame et je l'emmène! »

JEANNE.

Ah! c'est cela! vous voulez nous la prendre, j'en étais sûre! Mais nous ne le voulons pas, nous, elle est à nous qui l'avons élevée, à moi qui l'ai sauvée... Ah! vous prétendez l'aimer autant que nous!

MAXWELL.

Plus que vous mille fois! car vous avez vécu d'elle, et moi, je n'ai vécu que pour elle!

JEANNE.

Vous? est-ce que, pendant dix ans que vous n'avez pas reparu, vous songiez à elle?

MAXWELL.

Ah! vous voulez savoir ce que je faisais pendant que je vous laissais croire à ma mort? Je vais vous le dire, Jeanne! je me faisais une existence. Je souffrais et je travaillais pour elle. C'est pour elle que, pauvre et seul, j'ai résisté à une longue agonie, au désespoir, à la folie! pour elle que j'ai combattu l'épuisement, l'obscurité, la misère, toutes les douleurs, tous les obstacles! Dieu m'a aidé, j'ai tout supporté, tout vaincu, la mort et la vie! En dix ans, je me suis fait une fortune et un nom; je me suis fait libre et puissant dans le monde; et tout cela pour elle seule, pour elle qui l'ignore et ne peut m'en tenir compte... Ah! ma tendresse vaut bien la vôtre, et, s'il faut que je vous cède l'amour et la reconnaissance de ma fille, c'est à la condition qu'elle ne subira pas une autorité nouvelle, et que vous ne lui donnerez pas pour maître un homme incapable de l'apprécier.

JEANNE.

Mais elle l'aime! j'en suis sûre, moi! elle l'a aimé dès son enfance.

MAXWELL.

N'est-ce pas vous qui le lui persuadez? Jeanne, je vous semble ingrat, et le ciel m'est témoin, pourtant, que vous êtes dans mon cœur à côté de ce que j'ai de plus cher! mais, quand il me semble que votre bienveillance s'égare et que votre lumière ne suffit plus, je reprends mon droit, et, dussé-je briser le doux passé que vous avez fait à ma fille, je m'oppose à ce que vous brisiez son avenir! (Mouvement de Jeanne.) Non! Je ne veux pas qu'elle ait l'affreux destin de sa mère! Je ne veux pas qu'elle soit méconnue et livrée aux fatalités de l'abandon et de l'oubli. Je ne veux pas qu'elle se sacrifie à un enfant qui se pique de dédaigner l'amour. Pour moi, amour et fidélité sont une même chose; je ne crois point en lui, je ne souffrirai pas, je le répète, qu'Hélène soit la victime d'un Mérangis!

JEANNE.

Ah! monsieur, le voici! vous voulez donc...?

MAXWELL.

Ne craignez rien; le moment n'est pas venu.

JEANNE.

Je tremble!

Elle sort à droite.

SCÈNE IV

MAXWELL, MARCUS.

MARCUS, entrant, à la cantonade.

Du café? merci! ça empêche de dormir!

MAXWELL.

Et vous aimez à dormir, même le jour de vos fiançailles!

MARCUS.

Ah! vous savez déjà...?

MAXWELL.

Pardon de vous déranger au milieu de l'ivresse de votre bonheur.

MARCUS.

J'ai peut-être l'ivresse lourde, je n'y suis pas habitué.... il y a trois nuits que je n'ai dormi. J'ai eu des malheurs, mon cher monsieur, et je ne me pique pas d'être au-dessus des événements de la vie... Le respect de moi-même me tient lieu de sublimité. Pourvu qu'un homme ne demande rien aux autres...

MAXWELL.

Il peut tout recevoir d'une femme !

MARCUS.

Plaît-il ?

MAXWELL.

Ne vous méprenez pas sur l'intention de mes paroles, elle est très-loyale : un homme peut tout recevoir de la femme qu'il aime sérieusement.

MARCUS.

J'aime Hélène autant que je puis aimer quelqu'un... Peut-être qu'à vos yeux mon contentement n'est pas d'un effet assez théâtral ?

MAXWELL.

Il est certain que cela manque complétement d'effet ; mais peu importe si le cœur est suffisamment ému !

MARCUS.

Monsieur Maxwell, vous semblez jaloux de mon bonheur ?

MAXWELL.

J'en eusse été jaloux à votre âge.

MARCUS.

Vous êtes encore jeune, monsieur Maxwell ! et, avec cela, vous êtes du pays des lacs brumeux et des manoirs romantiques ; votre grave profession, vos grands talents, devant lesquels je m'incline, ne vous empêchent pas d'exhaler encore un parfum de lis sauvage et de clair de lune, de Walter-Scott et de bourgeon de sapin ! Ici, nous avons la rêverie moins subtile, mais plus gaie. Nous sommes un peu classiques, un peu païens encore, mais sans que notre égoïsme gêne les autres, nous avons si peu de besoins ! Nous manquons de grâce et d'éloquence ? Notre mistral fait si bien résonner la mer ! Nous n'avons qu'à l'écouter pour entendre un chant plus beau que les vaines paroles. Notre soleil sans voiles nous dessine brutalement la réalité, et nous habitue à n'aimer qu'elle. Quand on est de votre temps et de votre pays, on peut aimer les belles phrases et chercher les grands rôles, se draper en Hamlet ou en Lara... Nous ne vivons pas si haut, nous autres, nous nous effaçons et nous nous faisons petits pour ne pas être... *blagués !* Nous tâchons d'être raisonnables et d'aimer nos femmes tranquilles. Vous me regardez, vous ne me faites pas l'honneur de me discuter ?

MAXWELL.

Je vous écoute, monsieur Marcus, et j'étudie !

MARCUS.

Votre attention est dédaigneuse, monsieur.

MAXWELL, simplement.

Seulement un peu méfiante ! Vous ne connaissez pas mon pays, monsieur Marcus, et je ne me vante pas de bien connaître le vôtre ; mais je crois que, partout, le beau rôle consiste à élever son esprit au lieu de se retrancher dans son instinct. L'arbre a bien le droit de se retrancher dans son écorce et le caïman dans sa carapace ; mais l'homme, ainsi cuirassé, ne serait pas bien séduisant, et risquerait de s'atrophier. Sur tous les rivages, une voix qui chante lui dit d'ouvrir ses ailes et de prendre son essor. Sous tous les soleils, une lumière divine lui montre le but, c'est-à-dire la souveraine expansion, l'amour ! S'il y a quelque part une brise qui dessèche le cœur et une mer qui lui impose silence, il faut lutter contre cette tyrannie de la nature, car l'indifférence mène à l'égoïsme, et, qu'il soit païen ou romantique, il est le poison lent, mais implacable, qui détruit le bonheur !

MARCUS.

Cet assaut de métaphores entre nous signifie qu'Hélène

m'accepte comme je suis et que vous ne m'acceptez pas... Il y a longtemps que je sais cela, monsieur Maxwell.

MAXWELL, avec douceur.

Est-ce un reproche?

MARCUS, glacé.

C'est une remarque... Voici ces dames. Je vous avertis qu'à présent ma pauvre tante ne voit pas très-bien et n'entend guère mieux.

MAXWELL.

Vous l'aiderez à me reconnaître.

SCÈNE V

LES MÊMES, LA COMTESSE DE MÉRANGIS, donnant le bras au DOCTEUR et à HÉLÈNE; BARTHEZ, CÉSAIRE et CASTEL, viennent ensuite et s'approchent du piano, où ils préparent des cahiers de musique. — JEANNE est entrée, venant de droite en même temps que la comtesse vient de gauche. Elle l'aide à s'asseoir sur son grand fauteuil, près de la table, au second plan.

JEANNE.

Nous n'allons pas trop vite?

LA COMTESSE.

Non, non, pas trop.

BARTHEZ, serrant la main de Maxwell.

Soyez le bienvenu parmi nous!

MAXWELL.

Merci, cher monsieur. (Au docteur.) Cher confrère, je vous présente mon respect.

Ils se serrent la main en se saluant.

HÉLÈNE, à sa grand'mère qu'elle a aidé à s'asseoir.

Chère maman, voilà monsieur Maxwell, votre ami.

LA COMTESSE, regarde Maxwell et tressaille.

Qui est-ce?... mon fils?... dites!

MARCUS, élevant la voix.

Eh non! ma bonne tante, c'est monsieur Maxwell.

LA COMTESSE.

Ah! très-bien! (Maxwell lui baise la main.) Il y a quelque temps qu'on ne vous a vu, mon bon monsieur?

MAXWELL.

Huit mois, madame la comtesse.

LA COMTESSE.

Très-bien, très-bien! vous repartez pour l'Angleterre?

BARTHEZ.

Non, il en arrive!

HÉLÈNE, à Maxwell.

Vous voyez! elle ne se rend plus compte... La trouvez-vous bien changée?

MAXWELL.

Un peu!

HÉLÈNE.

Parlez d'elle avec le docteur.

MAXWELL.

Je n'y manquerai pas... Permettez que j'entretienne un instant monsieur Barthez d'une affaire pressée.

BARTHEZ.

Je suis à vos ordres.

Ils se prennent le bras et vont sur la terrasse. Une porte du milieu reste entr'ouverte. — La nuit est venue.

MARCUS, *à Hélène.*

Eh bien, te voilà rayonnante d'avoir revu ton bel oiseau du Nord ?

HÉLÈNE.

Je ne fais pas mystère de ma sympathie pour lui... je suis à moitié sa compatriote, et puis il nous aime tant !

MARCUS.

Parle pour toi ; moi, il me déteste ! (*Au docteur.*) Est-ce un aussi habile médecin que l'on dit ?

LE DOCTEUR.

Mon opinion sur lui n'a pas changé... C'est un homme de génie, un cerveau lucide... je dirai même lumineux ! ce n'est pas encore un praticien consommé, il est un peu spiritualiste, il voit tout en bleu de ciel ; mais ça passera... il est jeune !

MARCUS, *à Hélène.*

Tu le trouves jeune, toi ?

HÉLÈNE.

Il est de ceux dont on dit qu'ils le sont encore.

MARCUS.

Encore... C'est-à-dire presque plus !

Hélène retourne auprès de la comtesse.

CASTEL, *qui s'est rapproché.*

Vous êtes bien fier de votre petite moustache tortillée en clef de sol, vous.

MARCUS.

Oh ! vous, père Castel, vous n'aimez pas la jeunesse.

CASTEL.

Si fait, quand elle est jeune !

MARCUS.

Et orageuse, comme fut, dit-on, la vôtre ?

CASTEL.

Un mot, jeune homme grave... Vous épousez, c'est fort bien; mais madame la comtesse sait que vos violons sont cassés?

MARCUS.

C'est-à-dire mes écus envolés? De quoi diable vous mêlez-vous, papa Double-Dièze?

LE DOCTEUR.

Mais... il a raison... Je suis aussi un vieil ami, moi, le vôtre; et il ne faudrait pas... Madame ne comprend plus toujours bien ce qui se passe autour d'elle...

MARCUS, blessé.

Alors, vous croyez qu'on la trompe?

LE DOCTEUR.

Eh non, certes, mon cher enfant! Mais vous pouvez vous tromper; et moi, le médecin, je dois constater à fond l'état moral.

MARCUS.

Je le veux aussi... parlez-lui tout de suite! (A Césaire.) Est-ce que j'aurais eu tort d'accepter l'offre d'Hélène? Voilà qu'on se méfie de moi!

CÉSAIRE, étonné.

De vous! Qui donc?

LE DOCTEUR, qui s'est approché du fauteuil de la comtesse autour duquel on se groupe.

Madame!

LA COMTESSE.

Ah! docteur..., lui a-t-on offert le café, à ce cher Maxwell?

LE DOCTEUR.

Il n'est plus là... Parlez-nous sans contrainte, bonne madame. Vous savez le malheur arrivé à Marcus?

LA COMTESSE.

Un malheur?

LE DOCTEUR.

Il a perdu sa fortune.

MARCUS.

Dites-lui, au moins, que ce n'est pas ma faute.

LE DOCTEUR, à la comtesse.

Vous savez, la faillite de Marseille?

LA COMTESSE.

Oui, oui

LE DOCTEUR.

Vous n'en persistez pas moins, vous et votre petite-fille, dans les projets que vous nous annonciez avant le dîner... aujourd'hui... tantôt?

LA COMTESSE.

Attendez! attendez, que je me souvienne!

CASTEL.

Je parie qu'elle se ravisera.

LE DOCTEUR.

Écoutez, écoutez!... madame veut parler.

LA COMTESSE, se levant avec l'aide de Jeanne et de Césaire.

Oui, oui, je comprends fort bien! Marcus a tout perdu; mais ma petite-fille l'avait choisi; c'est elle qui est venue tantôt me le dire... Vous voyez que je me souviens bien... C'est donc qu'elle l'aime! Alors, est-ce qu'une Mérangis a jamais reculé devant un devoir de famille? Est-ce qu'une fille de notre maison a jamais compté les écus de son fiancé? Vous voyez bien qu'elle est de bonne race, celle-là, et qu'elle ne fait pas mentir le sang que lui a transmis sa grand'mère. (Elle embrasse Hélène et se rassied. Marcus est à genoux à sa gauche. Hélène s'éloigne un peu.) Marcus, mon enfant, tu as aussi un devoir à remplir. Il faut la rendre heureuse. (Baissant la voix.) Plus heureuse que ne l'a été sa mère ! (Aux autres.) Oui, oui, mes amis, je conseus.

LE DOCTEUR.

Devant cette déclaration généreuse, et digne de madame la comtesse, nous n'avons plus qu'à nous incliner et à nous réjouir.

CASTEL.

Mais il faut le consentement du père, et vous ne l'avez pas.

MARCUS.

Puisque vous nous y faites songer, *signor Agitato*, nous allons sur-le-champ lui écrire. (Il va à la table.) C'est à moi de lui demander la main de sa fille.

LE DOCTEUR.

Hélène devrait lui écrire aussi !

HÉLÈNE, effrayée.

Moi ?... il ne me répondra pas !

LE DOCTEUR.

Pourvu qu'il approuve... Écrivez... écrivez... (Bas, à Marcus.) ne perdez pas de temps.

LA COMTESSE.

Que font donc ces enfants ?

JEANNE.

Ils écrivent à monsieur votre fils.

LA COMTESSE.

Non, c'est à moi de lui faire savoir ma volonté... Mais je n'y vois plus assez... Où est Césaire ?

CÉSAIRE, qui est près d'elle.

Ici, madame.

LA COMTESSE.

Ah !... Oui, rends-moi le service d'écrire pour moi, mon cher enfant... Mon bon Castel, jouez-moi quelque chose sur le piano, vous savez, ça réveille mon pauvre esprit qui flotte un peu.

Castel va au piano et joue, très-doux. La comtesse dicte, à voix basse, à Césaire.

MAXWELL, à Barthez, rentrant.

A présent, il faut parler !

BARTHEZ.

Oui... Marcus, écoutez ici !

MARCUS.

Quoi donc ?

MAXWELL.

Parlons bas.

MARCUS.

Qu'y a-t-il, monsieur ?

BARTHEZ.

Il y a que le père d'Hélène... le comte de Mérangis...

MAXWELL.

Est mort.

HÉLÈNE, qui s'est approchée d'eux, étouffe un cri.

Ah !

MARCUS.

Comment savez-vous... ?

MAXWELL, lui remettant une lettre.

Mon confrère et ami, le docteur Windham, m'écrit d'Édimbourg qu'il n'a pu le sauver.

BARTHEZ, à Hélène.

Vous l'avez à peine connu...

MAXWELL.

Et vous ne vous rappelez rien de lui ?

HÉLÈNE.

Il ne m'aura donc jamais bénie!... et elle, elle ne l'aura donc jamais revu! Voyez! c'est navrant, cette lettre qu'elle écrit à un mort!

LA COMTESSE, se retournant.

Mort?... Qui donc est mort?

Castel cesse brusquement de jouer.

JEANNE, vivement.

Personne, madame!

HÉLÈNE, allant à elle.

Non, non, personne, chère mère! Est-ce que vous avez fini de dicter ?

LA COMTESSE.

Oui, ma mignonne, j'ai parlé pour nous deux : signe.

HÉLÈNE, signe.

Voilà, maman.

LA COMTESSE.

Et l'adresse ?

HÉLÈNE.

Vous la connaissez, Césaire ?

CÉSAIRE.

Parfaitement !

Il plie et met l'adresse.

LA COMTESSE.

A présent, mes enfants, mes amis, je me sens lasse.

JEANNE.

Madame veut se retirer ?

LA COMTESSE.

Non ! un peu d'air... (A Hélène.) Je me sens bien ! Ris, cause, amuse-toi !

Elle va sur la terrasse avec Jeanne, Césaire et le docteur. — On l'y fait asseoir.

MARCUS, allant prendre la main d'Hélène et la ramenant.

Voyons, Hélène, du courage !

HÉLÈNE.

Est-ce que je songe à moi ? Mais elle, Dieu aurait dû lui épargner ce dernier coup !

BARTHEZ.

Il faudra cependant le lui porter, et vous seule saurez le lui adoucir.

HÉLÈNE.

Moi, lui apprendre?... Non, certes ! Vous croyez donc qu'elle a cessé d'aimer son fils ? Oh ! non, allez ! son cœur de mère saigne encore comme au premier jour de leur séparation. Je sais cela, moi qui l'observe! Est-ce que tout à l'heure, quand elle a revu monsieur Maxwell... vous avez bien entendu? elle a crié : « Mon fils ! » Non, tenez, on ne peut pas, on ne doit paslui ôter sa dernière illusion, elle en mourrait !

BARTHEZ.

Pourtant, les affaires...

HÉLÈNE.

Quelles affaires ? les miennes ?... Ah ! pauvre chère maman ! Il irait de ma vie que je la tromperais ! Il faut la tromper, mes amis, je le veux ! Je vous en supplie, je l'exige !

Elle va rejoindre au fond sa grand'mère.

CASTEL, à Marcus.

Voilà votre mariage...

MARCUS.

Ajourné !

BARTHEZ.

Ce mariage, mon cher Marcus, va exiger quelques réflexions nouvelles... Hélène ne dépend plus que de sa grand'mère ; mais des contestations sont à prévoir, et vous voudrez peut-être attendre le résultat...

MARCUS.

Quel résultat ?

CASTEL.

Eh parbleu ! vous savez bien ! Le premier mariage du comte n'était pas régulier. Sa veuve tâchera de le faire déclarer nul, et, dès lors, Hélène n'aurait droit ni au nom, ni à la fortune de madame la comtesse...

BARTHEZ.

Il y a là dedans un gros procès, mais nous ne pouvons pas le perdre.

MAXWELL.

Il est perdu d'avance. Persistez-vous, monsieur Marcus, à vous charger du sort de mademoiselle Hélène ?

MARCUS, allant à lui.

Plus que jamais, monsieur.

Il va au fond saluer la comtesse et sort.

CASTEL.

Il fait le brave, mais il réfléchira.

MAXWELL.

C'est bien sur sa réflexion que je compte.

BARTHEZ.

Je m'en vais aussi ; mais je voudrais encore causer avec vous de cette famille de là-bas.

Ils sortent, causant bas.

CASTEL, reprenant son violon, à Césaire.

On ne fera plus de musique, ce soir, il faut nous retirer aussi. Viens, Césaire.

CÉSAIRE.

Je vous suis, mon oncle.

Castel sort.

SCÈNE VI

CÉSAIRE, HÉLÈNE, LE DOCTEUR PONS, LA COMTESSE, JEANNE.

CÉSAIRE, à part.

Je suis inquiet, moi : madame est si pâle, aujourd'hui ! (A Hélène qui vient vers lui.) Est-elle souffrante ?

HÉLÈNE.

Non, mais je la trouve plus faible que d'habitude ; monsieur Maxwell n'est pas parti encore ?

CÉSAIRE.

Je ne crois pas.

La comtesse rentre, appuyée sur le docteur et Jeanne.

LA COMTESSE.

Assez d'air !

On la mène à son grand fauteuil.

LE DOCTEUR.

Et là, trop de lumière, n'est-ce pas ?

Césaire, Hélène et Jeanne éteignent les bougies et ne laissent que la lampe.

HÉLÈNE, au docteur.

Est-ce qu'elle s'endort ? Ne vaudrait-il pas mieux l'emmener ?

LE DOCTEUR.

Pas maintenant.

HÉLÈNE.

Comme sa main est froide !

LE DOCTEUR.

Laissez la tranquille, mon enfant. Tenez, je serais bien aise de parler d'elle avec monsieur Maxwell...

HÉLÈNE.

Oui, oui, je cours le chercher!

Elle sort.

JEANNE.

Mais, monsieur le docteur, elle est glacée!

LE DOCTEUR.

Il y a un peu de syncope. Le flacon? (Jeanne entre dans le boudoir.) Hélas! c'est bien inutile!

CÉSAIRE, effrayé.

C'est donc grave?

LE DOCTEUR, qui consulte le pouls.

Tout ce qu'il y a de plus grave! c'est la fin, je m'y attendais, je la sentais venir depuis hier... Voyez, mon cher Césaire, une douce mort, digne d'une généreuse vie!... Attendez... non! plus rien! c'est fini!

JEANNE, qui revient avec le flacon.

Fini?

CÉSAIRE, sanglotant.

Pauvre madame! chère madame!

SCÈNE VII

Les Mêmes, MAXWELL.

MAXWELL, accourant.

Ah! mon Dieu! est-ce que...?

LE DOCTEUR.

Hélas! oui, voyez, constatez.

MAXWELL.

Songez à Hélène qui me suit! retenez-la...

LE DOCTEUR.

Oui, oui ! venez, Césaire !

Ils sortent.

MAXWELL.

Ma pauvre Hélène ! quelle douleur !

JEANNE.

Qu'elle ne la voie pas avec ce regard fixe... Aidez-moi à lui fermer les yeux... Je ne peux pas !

Elle veut ramener un voile sur la figure.

MAXWELL.

Laissez-moi regarder encore cet ange de bonté.

JEANNE, éperdue.

Comme son visage est devenu sévère ! Je n'ose plus la regarder, moi qui l'ai trompée !

MAXWELL, tenant les mains de la comtesse.

Ah ! si votre âme peut m'entendre, pardonnez à celui qui a pris l'honneur de votre fils, il lui a livré sa vie, et cette main qui touche la vôtre ne s'est pas levée contre lui ! (Se mettant à genoux.) Pardonnez à celui qui n'a pu empêcher l'enfant étranger de devenir votre enfant ! vous l'aimiez tant ! il vous l'a laissée, et, maintenant que vous voilà endormie dans la mort, il peut oser vous dire que, lui aussi, il vous adorait, douce et noble femme.

Il se relève met un baiser au front de la comtesse et tressaille.

JEANNE.

Quoi donc ?

SCÈNE VIII

LES MÊMES, HÉLÈNE, s'élançant suivie du DOCTEUR PONS et de CÉSAIRE.

HÉLÈNE.

Non, non, je veux la voir ! ma mère ! ma bonne mère !

Elle est aux genoux de la comtesse et l'entoure de ses bras.

MAXWELL.

Hélène, ne pleurez pas, elle vous entend !

HÉLÈNE.

Eh bien, non, je ne pleure pas ! ma mère ! je vous aime, je vous aime, je vous aime !

LE DOCTEUR.

Hélène ! voyons, c'est inutile !

MAXWELL.

Laissons à l'amour le don des miracles... la mort recule... elle est vaincue !

LE DOCTEUR.

Mais non !

MAXWELL, avec transport.

Mais si, monsieur ! voyez... elle me sourit !

ACTE TROISIÈME

Même décor.

SCÈNE PREMIÈRE

LA COMTESSE, HÉLÈNE, JEANNE, CASTEL, MARCUS.

La comtesse, vêtue de blanc. Castel range de la musique au premier plan. Jeanne entre avec Marcus.

HÉLÈNE, près de la porte d'entrée.

La voilà !

JEANNE.

Mettez-vous au piano.

Hélène va au piano.

MARCUS.

Eh bien, comment va-t-elle aujourd'hui ?

JEANNE.

Elle va mieux, ôtez le crêpe de votre chapeau.

CASTEL, à Marcus.

Ah ! vous voilà, vous ? On ne vous voit pas souvent !

MARCUS.

Vous savez bien pourquoi. Parlez-moi de ma tante. Elle ne

se doute toujours pas de la mort de mon oncle, puisque... Pauvre tante ! parle-t-elle, à présent ?

CASTEL.

Pas encore.

MARCUS.

Pas un mot depuis six semaines !

CASTEL.

Vous trouvez ça étonnant, qu'ayant été comme morte pendant plusieurs jours, elle ne soit pas encore en état de faire la conversation ?

MARCUS.

Le docteur Pons dit qu'elle restera ainsi !

CASTEL.

Le docteur Pons est un âne ! si on l'écoutait, on enterrerait ses malades tout vivants ! Ah ! les médecins !

MARCUS.

Mais monsieur Maxwell !

CASTEL.

Ce n'est pas un médecin, celui-là ! C'est, ne vous en déplaise, un homme de génie qui l'a sauvée et qui nous la conservera.

MARCUS, regardant la comtesse.

Oui, mais muette, égarée !

CASTEL.

Elle n'est ni l'un ni l'autre. Je vous dis, moi, qu'elle pense, qu'elle réfléchit, même ; qu'elle a sa raison et qu'elle se porte mieux qu'auparavant. Si elle ne parle pas, c'est qu'elle sent que ça la fatiguerait. Elle attend que la force lui revienne ; elle a plus de patience et de sagesse que nous tous, à commencer par vous, ce qui n'est pas difficile !

MARCUS.

Merci, père Castel ! Vous me détesterez donc toujours ?

CASTEL.

Qu'est-ce que ça vous fait ?

MARCUS.

Au point où j'en suis, une épine de plus ou de moins dans le bouquet de la vie !...

CASTEL.

Vous voyez des épines partout, vous ! Vous avez la peau trop tendre ; vous croyez toujours qu'on vous déteste... c'est l'effet de votre joli caractère.

MARCUS.

Ou du vôtre. Mais vous êtes si dévoué à ma pauvre tante, que je vous pardonne tout.

CASTEL.

Vous êtes bien bon !

JEANNE, qui s'est approchée d'eux.

Laissez dire monsieur Castel. Il ne maltraite que ceux qu'il aime... Voulez-vous dire bonjour à madame ?

MARCUS.

Ah ! on peut lui parler, à présent ?

JEANNE.

Monsieur Maxwell ne le défend plus, pourvu qu'on n'insiste pour qu'elle réponde ; il faut à son esprit un repos complet !

MARCUS, montrant Hélène qui quitte le piano.

Et vous ne craignez pas que la musique...?

CASTEL.

La musique ne fatigue que les sots !

MARCUS.

Comme moi ?

Hélène lui fait signe d'approcher.

HÉLÈNE.

Bonjour, Marcus.

MARCUS, se mettant aux genoux de la comtesse.

Bonjour, Hélène. Me permettez-vous de vous baiser la main, ma bonne tante? Je vous trouve bien mieux aujourd'hui?

HÉLÈNE.

Tous les jours mieux!

MARCUS.

Vous me reconnaissez bien, à présent?

HÉLÈNE.

Certainement.

MARCUS.

Et vous aimez toujours les fleurs?

La comtesse qui paraît incertaine devant toutes les questions, regarde avec étonnement les fleurs qu'elle tient.

CASTEL, à Jeanne.

On lui dit de ne pas la questionner, et il ne fait que ça!

JEANNE.

Mais Hélène répond pour elle; c'est comme cela qu'il faut faire.

MARCUS, à la comtesse.

Voulez-vous me donner une de ces roses? (La comtesse lui met une rose à la boutonnière.) Ah! enfin, le voilà revenu, votre bon sourire, et cela nous rend tous heureux!

HÉLÈNE.

Et moi, voulez-vous me donner un baiser?

La comtesse la regarde avec une sorte de méfiance craintive, se détourne et donne le baiser à Marcus.

MARCUS.

Merci! Mais Hélène sera jalouse!

LA COMTESSE, étonnée, avec effort.

Hé... Hélène ?

HÉLÈNE, lui baisant les mains.

Ah ! elle a dit mon nom !

MARCUS, bas, surpris.

Mais elle ne semble pas te reconnaître !

HÉLÈNE, de même.

N'importe, n'importe ! c'est assez pour aujourd'hui !

JEANNE.

Oui, oui, c'est beaucoup. (A la comtesse qui cherche à s'exprimer.) Voulez-vous aller au jardin ? (La comtesse se lève seule, et semble demander pourquoi.) Pour chercher d'autres fleurs ?

LA COMTESSE.

Oui, pour...

JEANNE.

Pour ?...

LA COMTESSE, semant les fleurs qu'elle tient.

Les morts !

HÉLÈNE, bas, à Marcus.

Ah ! tu vois ! elle pense à son fils !

MARCUS.

Pauvre Ophélia en cheveux blancs !

LA COMTESSE, au moment de sortir lentement, avise un crêpe noir qui est par terre, au fond, et le roule autour des fleurs qu'elle tient en répétant.

Les morts !...

Elle sort avec Jeanne.

SCENE II

MARCUS, HÉLÈNE, CASTEL.

CASTEL, allant ramasser le crêpe.

Qui diable a laissé tomber ce crêpe ? (A Marcus.) Vous, je parie !

MARCUS, fouillant en vain dans sa poche.

Ah! mon Dieu, oui, c'est moi !

CASTEL.

Vous ne ferez jamais que des sottises, vous !

HÉLÈNE, d'un ton de reproche.

Castel !

MARCUS.

Laisse-le me gronder : les malheureux ont toujours tort!

CASTEL, ému.

Malheureux !... malheureux !... est-ce que je vous dis que vous l'avez fait exprès? si on ne peut plus rien vous dire! (Il sort en grommelant.) Il est insupportable! Quel enfant ! quel enfant !

SCÈNE III

HÉLÈNE, MARCUS.

HÉLÈNE.

Ne t'accuse pas, va ! elle a dû entendre ou deviner quelque chose, le jour de nos fiançailles ! C'est là le coup qui l'a frappée et dont elle a tant de peine à se relever. Je crains presque l'entier retour de sa mémoire! Pourrons-nous lui cacher encore...?

MARCUS.

Tu espères donc toujours qu'elle retrouvera ses facultés ?

HÉLÈNE.

Monsieur Maxwell me le promet, et je crois en lui!

MARCUS.

Oui, Maxwell ! C'est le dieu de la maison, à présent!...

HÉLÈNE.

A présent, tu dois le bénir aussi. Sans lui !... Le docteur Pons haussait les épaules en le voyant s'obstiner à rappeler cette précieuse vie qui s'éteignait à chaque instant dans nos bras. Moi seule avais foi en la parole de monsieur Maxwell et Dieu lui a donné raison !

MARCUS.

Dieu veuille qu'à présent, il ne se trompe pas en croyant réveiller les idées ! Ce qui m'effraye le plus, c'est qu'elle ne te reconnaisse pas, toi, ce qu'elle a de plus cher au monde ! si elle devait rester comme cela, quelle fatigue, quelle douleur pour toi, ma pauvre Hélène !

HÉLÈNE.

Ne me plains pas ! Après cette crise effrayante où j'ai cru l'avoir perdue, la voir, la sentir là est une joie immense pour moi ! Je la soigne comme une enfant. Eh bien, je ne fais que lui rendre ce qu'elle a fait si longtemps pour moi et je voudrais employer à cela ma vie entière.

MARCUS, *lui prenant la main.*

Hélène, tu es vraiment une bonne âme, une brave fille ! et moi qui, au lieu d'être toujours là à t'aider, me tiens à l'écart, retenu par je ne sais quel point d'honneur vrai ou faux... Il faut pourtant voir clair dans tout cela, et je suis venu cette fois résolu à t'en parler. Que penses-tu de ta situation ?

HÉLÈNE.

Je n'y pense pas ; je ne pense qu'à ma chère malade !

MARCUS.

Enfin... te considères-tu toujours comme ma fiancée ?

HÉLÈNE, *étonnée.*

Pourquoi donc pas ?...

MARCUS.

Si ce que dit monsieur Maxwell se réalise, si la veuve de ton père te poursuit, si elle réussit à te dépouiller ?

HÉLÈNE.

Eh bien ?...

MARCUS.

Avec cette prévision fâcheuse, il te faudrait un bon parti pour conjurer le désastre et je ne suis pas ce parti-là.

HÉLÈNE.

Un parti ? je ne sais vraiment pas de quoi tu me parles !

MARCUS.

D'autant plus que tu ne m'écoutes pas.

HÉLÈNE.

Si fait ! Je croyais voir monsieur Maxwell dans le jardin.

MARCUS, avec dépit.

Il viendra, sois tranquille, car il vient tous les jours, n'est-ce pas ?

HÉLÈNE.

Oh ! oui, tous les jours ! Il est si bon !

MARCUS.

Accorde-moi un dernier moment d'attention et je te laisse. Si, comme le dit Barthez, tu conserves ta position et que je t'épouse, je reste ton obligé.

HÉLÈNE.

Eh bien, tu y consens ?...

MARCUS.

J'ai accepté, mais j'en souffre !

HÉLÈNE.

Depuis quand ?...

MARCUS.

Depuis que monsieur Maxwell m'a fait sentir qu'il fallait montrer une passion... échevelée, pour mériter ta générosité...

HÉLÈNE.

Puisque, moi, je te dispense de la passion !...

MARCUS, avec humeur.

C'est-à-dire que tu comptes t'en dispenser aussi.

HÉLÈNE, un peu railleuse.

Eh bien, c'était le programme. Tu ne m'épousais qu'à la condition de ne pas être follement aimé.

MARCUS.

Tu te moques de moi, je le mérite. Avec les femmes, pour être pris au sérieux, il faut dire des extravagances.

HÉLÈNE.

Pourquoi des extravagances ?

MARCUS.

Tu as eu pitié de moi, Hélène, parce que tu es bonne ; mais ton cœur a besoin d'amour et ton imagination de prestige. Attendons que l'inconnu de ta situation se dégage : si tu es brisée, rappelle-moi ; où que je sois, je reviendrai t'offrir ma vie ; mais, si tu triomphes, ou si un héros de roman, riche... et persuasif... se présente, tu n'auras pas besoin de me reprendre ta parole, je te la rends dès aujourd'hui.

HÉLÈNE.

Qu'est-ce que c'est que tout cela que tu me dis ? Est-ce la crainte d'aborder avec moi une vie difficile ? Est-ce un manque de confiance dans la durée de mon dévouement ?

MARCUS.

Ah ! voilà ! c'est moi qui aurai eu tort ! Dis tout de suite que je ne méritais pas ta générosité.

HÉLÈNE.

Tu supposes que je veux rompre, quand c'est toi ?

MARCUS.

Eh parbleu, c'est toi !

HÉLÈNE.

Non, c'est toi !

MARCUS.

Alors, c'est nous deux. Tu peux te réjouir, c'est ce que tu demandes.

HÉLÈNE.

Tiens, je crois que tu deviens fou. Il ne me manquait plus que ce chagrin-là !

Elle veut sortir.

MARCUS, la retenant.

Et si je deviens fou, tu ne veux pas savoir pourquoi ?

HÉLÈNE.

Je pressens une cause... absurde... Ne me la dis pas. Voyons, reprends ta raison. Jeanne me fait signe...

Elle sort.

SCÈNE IV

MARCUS, puis CÉSAIRE.

MARCUS.

Va donc ! puisque le divin Maxwell est arrivé ! Je ne peux pas me fâcher, exiger qu'on l'éloigne ; il a su se rendre si nécessaire ! C'est pour le coup que je passerais pour égoïste !... Allons, en route, monsieur le gentilhomme décavé ! Ne faiblissez plus dans les scènes d'adieux, partez sans rien dire ; mieux vaut souffrir que rougir ! (Allant vers le fond.) C'est égal, c'est dur d'avoir à franchir cette porte pour la dernière fois !

CÉSAIRE, qui entre par le fond.

Bonjour, mon cher enfant ; vous paraissez chagrin ?

MARCUS.

Chagrin, moi? jamais. Je vous fais mes adieux, Césaire, me voilà décidément emballé!

CÉSAIRE.

Est-ce possible?...

MARCUS.

Cela est. Pardonnez-moi, mon cher Césaire, toute la peine que je vous ai donnée autrefois; j'ai mal profité de votre grande instruction et les pharaons de n'importe quelle dynastie m'ont laissé plus froid que la pierre de leurs pyramides; mais, ce qui m'est resté dans la mémoire et dans le cœur, c'est votre patience... c'est votre bonté et votre amitié. Allons, adieu!

CÉSAIRE, ne pouvant retenir ses larmes.

Adieu!.... Comment! c'est donc vrai, tu t'en vas?... Vous vous en allez comme ça? Oh! mon cher enfant!

MARCUS.

Eh bien, quoi? vous pleurez! c'est ridicule, c'est abs... (Il se jette dans ses bras en sanglotant.) Ah! tenez, mon ami, c'est affreux de quitter une maison où l'on a été si heureux!

CÉSAIRE.

Et si aimé!

MARCUS.

Parce que vous êtes tous aimants, ici! Moi...

CÉSAIRE.

Vous, vous êtes aimant aussi, puisque vous pleurez.

MARCUS.

Bah! c'est par égoïsme...

CÉSAIRE.

Vous n'êtes pas égoïste, puisque vous craignez de l'être. D'ailleurs, tous les enfants ont un peu de ça, c'est leur droit... On ne leur demande que d'être heureux.

MARCUS.

Moi, j'ai abusé! Demandez à Hélène ce qu'elle pense de moi!

CÉSAIRE.

Si elle doute, c'est votre faute!

MARCUS.

Aussi c'est de ma faute que je me plains; c'est à moi seul que j'en veux, à mon froid visage, à mes sots discours!

CÉSAIRE.

Eh bien, mais... certainement, je le sais bien, moi, que vous vous donnez le change. Eh morbleu! vous avez tort. Quand on aime, il faut oser le dire, sapristi!

MARCUS.

Eh bien, et vous, Césaire?

CÉSAIRE.

Moi?..

MARCUS.

Oui, vous qui aimez Jeanne depuis douze ou quinze ans? Il n'y a pourtant qu'elle qui ne s'en doute pas!

CÉSAIRE.

Moi... c'est différent; je suis timide, je suis d'une gaucherie!...

MARCUS.

Vous l'avouez, c'est votre excuse; moi, j'ai la vanité de cacher ma faiblesse. Je fais comme les poltrons, qui chantent pour se rassurer. Vous tremblez: moi, je ris; vous vous taisez: moi, je mens!

CÉSAIRE.

Savez-vous ce qu'il faut faire?

MARCUS.

Dites!

CÉSAIRE.

Il ne faut pas mentir, il ne faut pas chanter, il faut parler !...

MARCUS.

A Hélène ? Oui.

CÉSAIRE.

Non, à M. Maxwell.

MARCUS.

Ah oui-dà ! et pourquoi ?...

CÉSAIRE.

Parce qu'il a désormais sur elle une influence... illimitée !...

MARCUS.

Je m'en doutais bien !...

CÉSAIRE.

C'est une très-bonne et très-légitime influence. Ouvrez-lui votre cœur. Chargez-le de traduire à Hélène, lui qui a des façons si séduisantes, le sentiment que vous ne savez pas exprimer.

MARCUS.

Dites donc, Césaire, comptez-vous vous servir de lui comme de truchement auprès de Jeanne ?

CÉSAIRE.

Peut-être, mon cher Marcus, peut-être ! quand le moment sera venu, si je me trouve trop interdit...

MARCUS.

Je ne peux pas être aussi naïf et aussi confiant que vous, Césaire. Si mon amour doit passer par cette traduction-là, j'aime autant le laisser étouffer dans le silence. Votre conseil ingénu me rappelle ce que votre compassion allait me faire oublier. Je ne puis lutter contre ce personnage incomparable, et j'aurais mauvaise grâce à le tenter à présent que la fortune d'Hélène peut être menacée ; c'est cette pensée-là qui me glace. Hélène ne paraît pas la comprendre, elle aime mieux me croire lâche que dévoué, et ce n'est pas M. Maxwell qui prendra ma défense!

CÉSAIRE.

Ah çà! vous supposez donc?.. Seriez-vous jaloux de lui?

MARCUS.

Quand on est ruiné, mon cher ami, on n'a plus le droit d'être jaloux; c'est un nouveau charme que je découvre à ma situation. Allons! il m'est encore permis d'être digne et de refuser la protection de cet Esculape exotique. Adieu, Césaire, cette fois, je franchirai la porte sans lâcheté!

SCÈNE V

LES MÊMES, BARTHEZ, puis LE DOCTEUR PONS et MAXWELL.

BARTHEZ.

Vous vous en allez? Il ne faut pas. Attendez-nous au jardin, nous aurons absolument besoin de vous tout à l'heure.

MARCUS, voyant Maxwell.

Vous vous trompez, Barthez; personne ne peut avoir besoin de moi.

Il sort.

BARTHEZ.

Qu'est-ce qu'il a? Retenez-le, Césaire!

CÉSAIRE.

Oui, oui, il restera, je vous en réponds; il ne peut pas s'en aller comme ça.

Il sort.

SCÈNE VI

LE DOCTEUR PONS, MAXWELL, BARTHEZ, puis HÉLÈNE, puis JEANNE.

MAXWELL.

Ainsi, vous voulez que Marcus...?

LE DOCTEUR.

Il le faut absolument; vous avez des préventions!. .

MAXWELL.

Mes préventions tomberaient d'elles-mêmes, s'il acceptait avec vaillance toutes les éventualités. Mais vous voyez bien qu'il s'en allait encore!

BARTHEZ.

Mon cher monsieur, il ne s'agit pas de sentiment, il s'agit d'affaires. Je songe, moi, à assurer le sort d'Hélène... Et tenez, la voici!

HELÈNE.

Oui, mon ami. Que venez-vous m'annoncer?...

BARTHEZ.

Ma chère enfant, ayez courage et confiance.

HÉLÈNE.

Encore une mauvaise nouvelle?

BARTHEZ.

Bah! bah! c'est la guerre qui éclate, c'est le premier coup de feu; mais je suis là, moi, et bien armé, ne craignez rien!..

JEANNE.

On attaque ouvertement le mariage de ses parents?

HÉLÈNE.

Dites !

BARTHEZ.

C'est pire encore, et il ne faut pas se dissimuler qu'on sera très-hostile, très-cruel pour les vivants et pour les morts. Il faut se garantir. Voyons, docteur Pons, à vous le droit d'aînesse. Parlez le premier. Madame la comtesse est-elle lucide ?

LE DOCTEUR.

Je ne puis partager les illusions de mon éminent confrère... Madame la comtesse ne comprendra pas.

BARTHEZ.

A vous, cher monsieur Maxwell ; vous affirmez le contraire ?...

MAXWELL.

Ai-je affirmé ?...

HÉLÈNE.

Maman a parlé aujourd'hui !

LE DOCTEUR.

Allons donc !...

HÉLÈNE.

Elle a dit mon nom et d'autres mots encore, n'est-ce pas, Jeanne ?...

BARTHEZ.

Alors, tout va bien ! Hélène, il faut obtenir d'elle un effort de mémoire et de volonté.

HÉLÈNE.

Non !... c'est trop tôt !...

BARTHEZ.

Le temps presse. Écoutez-moi bien ; vous aussi, Jeanne, il faudra nous aider ! (A Hélène.) On prétend vous contester votre nom, votre avenir ; ne laissez pas discuter cela. La situation de Marcus est inattaquable et madame la comtesse est libre de tester en sa faveur. Faisons qu'elle l'institue son héritier, à la condition qu'il vous épousera, et dès lors épousez-le au plus vite, vous restez Hélène de Mérangis plus que jamais. (A Maxwell qui ne peut contenir un mouvement d'impatience.) Vous en doutez, cher monsieur ?

MAXWELL.

Je ne dis rien, monsieur Barthez.

HÉLÈNE.

Mais pourquoi imposer à Marcus l'obligation de m'épouser ? puisque j'ai sa parole ? et pourquoi se tant presser ?

BARTHEZ.

Parce que les paroles sont bonnes et que les actes valent encore mieux... Monsieur Maxwell, en votre âme et conscience, je vous parle très-sérieusement et je fais appel à votre honneur, croyez-vous qu'il soit possible d'obtenir de madame de Mérangis ce que nous croyons urgent et nécessaire ?

MAXWELL, péniblement.

En mon âme et conscience, madame de Mérangis comprendra sans effort et sans danger ; mais...

BARTHEZ.

Il n'y a pas de mais ! votre parole nous suffit. (Au docteur.) Allons prévenir Marcus.

HÉLÈNE.

Je veux le voir auparavant : je veux lui dire que je n'exige pas de conditions humiliantes.

BARTHEZ.

Eh bien, je vais le chercher et je vous l'amène. (Au docteur.) Vous, allez voir madame.

Ils sortent.

SCÈNE VII

HÉLÈNE, MAXWELL, JEANNE.

MAXWELL, voulant suivre Barthez.

Barthez va trop vite, vous ne consentez pas... laissez-moi le retenir. (Hélène le retient par la main sans rien dire, un peu confuse.) Quoi donc ?... Parlez !...

JEANNE.

Vous voyez bien qu'elle l'aime !

MAXWELL.

Qu'elle le dise et je l'aimerai aussi, moi, s'il le faut !.. Hélène ! ne suis-je pas votre ami le plus dévoué ? parlez, je le veux... je vous en prie !...

JEANNE.

Oui, Hélène soyez sincère !...

HÉLÈNE.

Ah ! mes amis, je ne peux pas dire, moi, je ne sais pas ! j'ai tant souffert, tous ces derniers temps, je me suis tellement oubliée...

MAXWELL.

Dites la vérité, Hélène, vous vous croyez enchaînée et vous allez encore vous sacrifier ! Pour que Marcus recouvre des moyens d'existence qu'il ne sait pas devoir à lui-même, vous laissez renouer un lien qui se détachait tout seul.

HÉLÈNE.

Non, ce n'est pas cela ; c'est... tenez, jugez-moi tous deux ! je l'aimais tant, quand il était ici élevé avec moi !... je lui cédais toujours.

MAXWELL.

Oui, et vous continuez !...

HÉLÈNE.

Mais... c'était mon plaisir et ma joie, de lui céder ; pourquoi ne serait-ce plus de même ? quand je le voyais content, j'étais heureuse, quand il se blessait en jouant, c'est moi qui pleurais ! j'ai eu tant de chagrin quand il nous a quittés pour habiter la ville ! il riait, lui, il était content de changer, de s'émanciper... moi, je dévorais mes larmes. Depuis ce moment-là, j'ai senti que je l'aimais autrement, moins bien peut-être ! je lui en ai voulu de m'avoir été si cher et de ne pas s'en être aperçu, j'ai reconnu que je ne pouvais pas vivre heureuse sans lui et j'ai été bien en colère de ce qu'il pouvait vivre sans moi. Voilà pourquoi depuis trois ans je vous dis que je ne l'aime pas... mais je crois bien que je me suis menti à moi-même, et à présent, qu'il m'aime bien ou mal, je ne veux pas qu'il parte, car avec lui s'en ira tout mon courage, et, quand je n'aurai plus ma grand'mère, mon existence sans lui n'aura plus de raison d'être !

JEANNE, à Maxwell.

Je savais tout cela, moi ! il faut être femme pour comprendre ce qu'on ne vous dit pas et vous ne vouliez pas me croire.

HÉLÈNE, à Maxwell.

Vous voilà mécontent, attristé ! Ah ! mon ami, vous avez promis de l'aimer si je l'aime !

MAXWELL.

Je suis très-malheureux, Hélène ! oui, bien malheureux ! vous l'aimez, je le sens, je le vois, et vous ne pouvez pas l'épouser, à présent du moins et dans ces conditions-là !

HÉLÈNE.

Qui donc s'y opposerait ?

MAXWELL.

Vous-même, vous ne pouvez accepter aucun bienfait, aucun legs de la comtesse de Mérangis.

JEANNE, bas.

Ah ! monsieur, vous voulez lui dire...

MAXWELL, haut.

Il le faut, l'honneur, la probité le commandent, l'inévitable moment est venu où elle ne doit plus profiter d'un mensonge.

HÉLÈNE.

Un mensonge ! vous m'effrayez ! quel mensonge ?

JEANNE, avec reproche.

Monsieur Maxwell !

MAXWELL.

Je parlerai !.. Hélène, le nom de votre mère vous est resté cher et sacré ; une implacable ennemie veut flétrir sa mémoire et ne reculera devant aucun moyen pour rompre tout lien de famille entre vous et la comtesse de Mérangis.

HÉLÈNE.

Entre ma grand'mère et moi ? Que peut un texte de loi contre les liens du sang ?

MAXWELL.

Si cette femme parvenait à faire déclarer que ces liens mêmes n'existent pas ?

HÉLÈNE.

Si elle avait l'audace de le tenter, malgré la répugnance que cette lutte m'inspire, je relèverais le gant, et, pour défendre l'honneur de ma mère, je combattrais jusqu'à la mort !

MAXWELL.

Vous ne pouvez pas lutter ! au nom de votre mère, je vous le défends !

HÉLÈNE.

C'est donc qu'on prétend avoir des preuves contre elle ?

MAXWELL.

Des preuves que la loi n'admet pas, mais que le monde, avide de scandale, accueille avec empressement.

HÉLÈNE.

Ah! Jeanne!... qu'est-ce que cela signifie? parle-moi donc, toi! ton silence me tue!

JEANNE.

Ah! que cela est cruel! (A Maxwell.) Comme elle va souffrir! j'ai passé ma vie à lui faire oublier cela, et vous voulez... Hélène, c'est moi... moi qui vous ai mal aimée! j'aurais dû vous élever autrement, oui, j'aurais dû vous prendre là-bas, vous emporter, vous cacher, vous dire morte, vous faire passer pour ma fille! j'aurais travaillé pour vous, vous n'auriez aimé que moi, et, à présent, je ne serais pas forcée de vous briser le cœur!... Mais il est trop tard, à présent! j'ai eu de l'ambition pour vous, de l'orgueil! et voilà que tout s'écroule! (Montrant Maxwell.) Allons! il le veut! il veut que je vous torture! Hélène, ma pauvre Hélène, tâchez de vous rappeler... rappelez-vous le parc de Linsdale!

HÉLÈNE, rêvant.

Le parc?... le grand parc tout noir!

JEANNE.

Oui, la nuit...

HÉLÈNE.

Ah! oui, le vent qui pleurait!

JEANNE.

Votre peur...

HÉLÈNE.

Tes mains qui étouffaient mes cris...

JEANNE.

Le sang sur les vôtres...

HÉLÈNE.

Et sur ma robe blanche! oui, oui, c'est la tache, la tache

de famille, cela! et ce n'était pas un rêve! non, c'est l'honneur perdu, c'est la honte et la douleur de ma mère, c'est son désespoir et sa mort, c'est la haine et l'abandon de son mari, c'est mon exil et ma condamnation au cloître! c'est la grand'mère trompée, c'est le silence qu'il faut opposer aux insultes, c'est le châtiment qu'il faut subir, c'est Marcus qu'il faut abandonner à son sort, c'est l'héritage qu'il ne faut pas voler, c'est le baiser maternel qui m'a été refusé là aujourd'hui! et l'homme mort, l'homme surpris, assassiné peut-être, l'homme sans nom dans ma vie, l'homme à la tête brisée dont je ne connaîtrai jamais les traits, le fantôme, l'épouvante de mon enfance, c'est celui-là qui était mon père!

MAXWELL.

Il n'est plus, Hélène, il n'est plus! ne le maudissez pas!

HÉLÈNE, se jetant dans ses bras.

Ah! mon ami, vous qui m'avez fait tout ce mal pour m'éclairer sur mon devoir, ne me le nommez jamais, cet homme qui a tué ma mère!

MAXWELL, à Jeanne.

Ah! le coup qui devait me tuer, moi, le voilà! c'est au cœur qu'il me frappe!

Marcus, qui entrait avec empressement, voit ce mouvement et reste interdit.

SCENE VIII

LES MÊMES, BARTHEZ, MARCUS.

BARTHEZ, à Hélène qui s'est détournée pour cacher son trouble.

Eh bien, Hélène, c'est convenu, voilà Marcus heureux de

se prêter à votre salut à une aussi douce condition que celle de vous épouser.

HÉLÈNE.

Est-ce que vous avez parlé à maman ?

BARTHEZ.

Le docteur l'interroge et l'avertit ; moi, je vas toujours dresser l'acte et nous le ferons signer aussitôt que possible.

MARCUS.

Attendez ! Hélène semble hésiter...

HÉLÈNE.

Je n'hésite pas, Barthez ! je ne veux pas de cette condition, je veux que Marcus, hérite de sa tante sans être tenu à rien envers moi.

MARCUS, avec une colère concentrée.

Je comprends !

BARTHEZ.

Moi, je ne comprends pas.

MARCUS, regardant Moxwell.

Vous ne comprenez pas qu'elle ne veut plus rien qui nous rattache l'nn à l'autre ?...

JEANNE.

Non, ce n'est pas cela...

HÉLÈNE, bas.

Tais-toi ! pourrais-je lui cacher ?... (Haut.) Tu l'as dit, Marcus, nous ne pouvons pas être l'un à l'autre, notre mariage ne ferait qu'aigrir une lutte de famille dont je ne supporte pas l'idée ; une lutte quelconque contre les fils de l'homme dont je porte le nom, révolte mon cœur et ma conscience et je refuse dès à présent tous les dons, même les dons détournés de la comtesse de Mérangis. Je ne prétends plus à rien en ce monde. Je ne me regarde plus ici que comme une servante dévouée ; je n'en sortirai que le jour où il faudra conduire ma bien-aimée grand'mère à sa tombe et alors je n'attendrai pas qu'on me chasse de sa maison, je n'y rentrerai pas !

Elle sort, Jeanne la suit pour la calmer.

BARTHEZ, en colère.

Ah ! au diable la fierté, la susceptibilité, l'exagération ! (A Marcus.) Ne vous en allez pas ! Je vas la persuader, la calmer, je vas lui dire son fait, oui, oui... du calme, du calme, sacrebleu ! Restez là.

SCÈNE IX

MARCUS, MAXWELL.

MARCUS.

Non certes, je ne m'en irai pas avant que vous m'ayez répondu, vous !

MAXWELL, absorbé.

A quelle question dois-je répondre ?...

MARCUS.

A celle-ci : Est-ce vous, monsieur, qui avez décidé Hélène à rompre ainsi avec moi ?

MAXWELL.

Oui, monsieur, c'est moi.

MARCUS.

C'est bien. J'aime la franchise, vous me voyez dès lors tout résigné. Vous avez la supériorité du talent et de la richesse, c'est en ce monde le droit du plus fort. Mais, avant d'être le fiancé d'Hélène, j'étais son ami et son frère, c'est le droit du sang, c'est le droit du cœur, je l'ai, je le garde ! je ne souffrirai pas que votre continuelle présence ici et l'autorité que vous y avez prise compromettent plus longtemps ma cousine, à moins que vous ne déclariez prétendre ouvertement à sa main !... Vous ne répondez pas?...

MAXWELL.

Ce que vous dites là est insensé, monsieur Marcus.

MARCUS.

Est-ce là votre réponse?... Elle n'est pas seulement impertinente, elle est lâche !

MAXWELL.

Taisez-vous, vous êtes un enfant !

MARCUS.

Un enfant qui vous chassera d'ici.

Il veut porter les mains sur Maxwell, qui les lui saisit et les retient avec force.

MAXWELL.

Un enfant que je briserai comme un fétu, si sa rage est celle de l'ambition déçue ; un enfant à qui je pardonne tout, si sa jalousie part du cœur.

MARCUS, douloureusement.

Ah ! vous m'accusez de cupidité.

MAXWELL, le forçant à s'asseoir.

Taisez-vous, écoutez-moi. Si vous êtes jaloux, vous qui affectiez le mépris des passions, j'aime mieux vous voir ainsi, emporté, tout bouillant par l'orage, que roulé inerte par le destin. Mais cette jalousie ne me rassure pas sur l'avenir d'Hélène ; voyons, dites-moi si vous l'aimez réellement.

MARCUS.

Ah ! vous m'interrogez, vous? Eh bien, sachez que je n'ouvre pas mon cœur à qui ne m'inspire ni confiance ni estime !

MAXWELL

Ni estime?

MARCUS.

Non, je ne crois point en vous, qui vous êtes fait ici à tout propos l'avocat de l'amour, pour faire ressortir ma réserve et mon inexpérience, en vous qui n'avez pas joué auprès d'Hélène le rôle d'un ami sérieux; car, au lieu de lui indiquer pour appui l'homme sans artifice et sans reproche que je sais être, vous vous êtes offert à elle insidieusement comme le type des saintes ardeurs, comme le chevalier des causes sublimes. Tenez, monsieur, je suis bien aise de pouvoir enfin vous le dire, c'est vous qui m'avez rendu sceptique et raisonneur comme j'ai été forcé de l'être, depuis que vous vous êtes mêlé à notre existence! C'est vous qui êtes cause que je hais toutes les idées dont vous vous êtes constitué le champion. C'est vous enfin qui m'avez empêché de penser et de vivre!

MAXWELL.

C'est donc là mon rôle, à moi? c'est donc là ma destinée? Marcus, si vous saviez votre injustice et le mal que vous me faites, non, vous n'auriez pas ce courage!

MARCUS, impatient.

Expliquez-vous donc!...

MAXWELL.

Je ne puis! non, je ne peux rien! J'ai cru apporter ici le dévouement d'une âme ardente et je vois que je n'y ai fait que du mal! J'ai voulu mêler, comme vous dites, ma triste existence à celle des autres, remplir les devoirs, goûter les douceurs de la famille, et, pour prix de mes efforts, tout me repousse et me condamne! Cela devait être; l'étranger, je suis l'étranger, moi! Celui qui n'a pas de liens, celui qui n'a pas de droits, celui dont le zèle est suspect et l'affection calomniée!... Oh! enfants! nos juges implacables! que vous êtes donc présomptueux et cruels! Ah! malheur à qui brave un seul jour les lois du monde! Il n'y aura pas de refuge pour lui dans les lois du ciel! Nouveaux dans la vie, vous comptez orgueilleusement sur vous-mêmes, vous ne vous demandez pas si vous serez des hommes, vous vous croyez hommes déjà! Froids et superbes, vous outragez sans pitié les cœurs brisés, les dupes de l'enthousiasme, vous marchez dans leur sang, vous ne prévoyez pas que le vôtre s'y mêlera et qu'au lieu de devenir un germe d'avenir, il ne laissera peut-être derrière vous qu'une tache!

MARCUS.

Monsieur, j'ai vu tout à l'heure Hélène pleurer dans vos bras et vous refusez d'être son époux! si je ne puis obtenir de vous ni aveu ni réparation, je sais ce qu'il me reste à faire et je le ferai. Je me tiendrai armé contre cette porte, et, quand vous essayerez de la franchir, je vous tuerai comme un fléau domestique, comme un ennemi de ma famille, comme un malfaiteur!

MAXWELL.

Et si j'étais tout cela, Marcus? si, abusant de la confiance qu'inspire mon caractère, je m'étais introduit ici pour vous voler le cœur d'Hélène, et qu'elle, toujours pure, mais désabusée, vint réclamer votre amour?... Répondez! Que feriez-vous?...

MARCUS.

Hélène toujours pure!... je vous prie de croire que je n'en doute pas, monsieur; mais, si elle vous a aimé... Ah! tenez! je le sais bien, qu'elle vous aime!

Il fond en larmes.

MAXWELL.

Ne dites plus rien! Ces larmes parlent assez. Oui, Marcus, elle m'aime et je la chéris, je l'adore. C'est mon droit, mon droit sacré : je suis son père!

ACTE QUATRIÈME

Même décor.

SCÈNE PREMIÈRE

CASTEL, CÉSAIRE.

CASTEL entre ; Césaire lit.

Césaire! eh bien, que fais-tu là? tu lis tranquillement pendant qu'il se passe ici, depuis tantôt, des choses inouïes?

CÉSAIRE.

Quelles choses?...

CASTEL.

Le docteur Pons et monsieur Barthez, aussi crétins l'un que l'autre, ne se sont-ils pas mis en tête de faire déshériter Hélène par sa grand'mère au profit de Marcus!...

CÉSAIRE.

Eh non, mon oncle! c'est pour éviter des discussions.

CASTEL.

Je la sais, leur rengaine; elle est stupide; c'est vouloir contraindre Hélène à épouser ce vandale, ce barbare!...

BIBLIOTHÈQUE IMPÉRIALE IMPR.

CÉSAIRE.

Mais, mon oncle... tenez, je lisais ça justement! Les barbares représentent dans l'histoire un élément nouveau qui s'assimile le passé et fonde l'avenir. Les barbares... Je vous jure que les barbares ont du bon, même les Vandales qui...

CASTEL.

Tu m'ennuies! tu fais comme les autres, toi! tu prends le parti de Marcus, pour que, Hélène mariée, tu puisses épouser la belle Jeanne; mais la belle Jeanne est...

CÉSAIRE.

Ah! mon ami, ne me dites pas de mal de celle-là!

CASTEL.

J'en dirai si je veux!

CÉSAIRE.

Mais vous ne voudrez pas.

CASTEL.

Pourquoi?...

CÉSAIRE.

Parce que vous me feriez un profond chagrin.

CASTEL.

Et si je veux cela?...

CÉSAIRE.

Vous ne le voulez pas.

CASTEL.

Parce que?...

CÉSAIRE.

Parce que vous m'aimez

CASTEL.

Ce n'est pas vrai.

CÉSAIRE.

Jurez-le !...

CASTEL.

Laissez-moi tranquille !

CÉSAIRE.

Et vous lui parlerez pour moi.

CASTEL.

A Jeanne ? Au fait, il serait temps ! si Hélène est décidée, s'il est vrai qu'elle agrée cet étourneau et que tu aimes cette folle qui le protége ! Ah ! les enfants ! il faut toujours leur céder. Vous êtes sages, ils sont absurdes; n'importe, il faut dire comme eux, ou ça crie, ça pleure, ça vous rompt la tête !

CÉSAIRE.

Mais, mon oncle, j'ai quarante ans et je ne pleure ni ne crie... Ah ! tenez, la voilà.

CASTEL.

Ta princesse ? Alors, finissons-en ! je vais lui dire...

CÉSAIRE.

Pas encore ! c'est trop tôt.

CASTEL.

Il y a dix ans que tu dis ça, c'est trop tôt !

SCÈNE II

LES MÊMES, JEANNE.

CASTEL.

Jeanne !...

CÉSAIRE.

Mais non ! sachons si Hélène...

CASTEL.

Flanque-moi la paix !... Jeanne, écoutez, et n'ayez pas cet air distrait. Voilà mon neveu, mon fils... adoptif, qui vous aime depuis longtemps, l'imbécile ! C'est moi qui l'ai élevé à ma manière et qui ai fait de lui, bien malgré lui, le plus beau, le plus intelligent, le plus honnête et le meilleur des êtres. Voulez-vous de lui, oui ou non ?... il faut le dire !...

JEANNE.

Merci, monsieur Castel : son choix m'honore, mais...

CASTEL.

Pas de mais !

JEANNE.

Laissez-moi seule avec lui... Je vais lui répondre.

CASTEL.

Soit, et répondez bien ! sinon (En s'en allant.), allez au diable !...

SCÈNE III

CÉSAIRE, JEANNE.

CÉSAIRE.

Pardon, Jeanne...

JEANNE, lui donnant la main.

Vous avez de l'affection pour moi, je le sais !

CÉSAIRE.

Dites mieux. C'est un culte !

JEANNE.

Oui, vous m'estimez...

CÉSAIRE.

Je vous vénère !

JEANNE.

Vous croyez donc mon esprit bien droit, ma conscience bien nette ?

CÉSAIRE.

Votre conscience ? C'est le plus pur cristal !

JEANNE.

Eh bien, vous vous trompez : j'ai fait quelque chose de mal, en ma vie !

CÉSAIRE.

Vous ?

JEANNE.

Un mensonge.

CÉSAIRE.

Non ! Vous n'auriez pas su !...

JEANNE.

On peut beaucoup mentir en ne parlant pas.

CÉSAIRE.

C'était pour sauver quelqu'un !

JEANNE.

Oui. J'ai pris pour moi le repentir et la crainte.

CÉSAIRE.

Alors, ce n'est pas un mensonge. C'est une transaction entre la morale sociale et la morale... la morale...

JEANNE.

Vous ne trouverez pas à arranger ça, allez ! Un mensonge

est toujours puni, et le mien est peut-être cause de l'état où la pauvre madame est tombée.

CÉSAIRE.

Je ne comprends pas...

JEANNE.

Moi, je me figure qu'elle comprend, qu'elle a découvert mon mensonge, qu'elle est accablée sous un étonnement terrible, et qu'elle, si bonne et si tendre, ne trouve plus de paroles pour repousser ce qu'elle a aimé, pour maudire ce qu'elle a béni!...

CÉSAIRE.

Vous parlez par énigmes, Jeanne; mais, eussiez-vous commis un crime...

JEANNE.

Un crime!... C'en est un peut-être!... Oui, c'en est un, je le sens au supplice que j'endure, je veux m'en délivrer! Mon ami, sachez tout. Non, je ne peux rien vous dire... à moins que vous ne deviniez...

CÉSAIRE.

Moi, deviner? Non, je n'ai jamais su! A quoi bon deviner les petites choses quand on sait les grandes?

JEANNE.

Quoi? que savez-vous?

CÉSAIRE.

Je sais que l'amour accepte tout et que je vous aime!

JEANNE.

Mais elle, madame!...

CÉSAIRE.

Elle vous chérit: l'affection qui n'aurait jamais rien à pardonner, à quoi servirait-elle?...

JEANNE.

Mais si la vérité la brise?...

CÉSAIRE.

La vérité fait quelquefois des brèches, le mensonge fait toujours des ruines.

JEANNE.

Tenez! votre confiance ne me gagne pas, mais elle me commande... (Hélène entre absorbée.) Hélène! comme elle est abattue, désolée...Je n'ose plus lui parler... Attendez, attendez, Césaire! il me reste un dernier espoir.

Elle sort.

CÉSAIRE.

Qu'y a-t-il donc? Jeanne agitée, Hélène nerveuse... C'est peut-être une épreuve! elles s'entendent pour ça.

SCÈNE IV

HÉLÈNE, CÉSAIRE.

CÉSAIRE.

Eh bien, Hélène... ma chère demoiselle... est-ce que...? peut être que Marcus...? Vous ne doutez pas de son dévouement au moins?

HÉLÈNE.

Je doute de tout aujourd'hui, Césaire, et je me sens comme seule dans l'univers détruit! Dites-moi, mon ami... Oui, dites! Tout le monde ici m'a donné l'exemple de la moralité, vous m'en avez défini les préceptes, vous! J'ai cru la comprendre, la sentir en moi, et voilà que toutes mes notions sont troublées; j'ai un voile noir sur l'esprit, un rocher sur le cœur! Dites-moi donc, répondez-moi! Est-on coupable... bien coupable d'aimer un autre homme que son mari?

CÉSAIRE.

Vous en doutez ?

HÉLÈNE.

Pourtant... s'il est infidèle le premier ?...

CÉSAIRE.

Mais... ce n'est pas à l'époux seulement que l'on a juré fidélité ! c'est à soi-même et à...

HÉLÈNE.

A soi-même ? Mais, si l'amour est le dévouement absolu, on peut s'abandonner, se trahir soi-même, se perdre, se damner, comme on dit !

CÉSAIRE.

Quelles idées exorbitantes vous avez là !

HÉLÈNE, *exaltée.*

N'importe, je veux savoir... Je suppose qu'une jeune fille... épouse un homme qui la délaisse et l'humilie et... qu'un autre... se trouvant là... l'aimant avec ardeur... lui fasse oublier... tous ses devoirs... et devienne... tout pour elle... qu'est-ce que... l'enfant, devenu grand, pensera de sa mère et de... l'autre ?

CÉSAIRE, *s'essuyant le front.*

Attendez ! vous me bouleversez ! De telles suppositions dans votre cerveau, de telles paroles dans votre bouche... (*A part.*) Qu'est-ce qui se passe donc aujourd'hui ? Est-ce la fin du monde?

HÉLÈNE.

Vous ne voulez pas me répondre? Eh bien, moi, je me réponds ! L'enfant pardonnera forcément à sa mère. Mais il ne pourra jamais absoudre l'autre. Ai-je tort ?

CÉSAIRE.

Ah ! un moment, pérmettez ! L'autre étant le père... il y a le cri de la nature que la voix de la société ne peut étouffer?

HÉLÈNE.

La société, la nature, la morale s'accordent pour nous dire : « Le père que je t'impose, c'est l'époux de ta mère, je ne t'en reconnais pas d'autre... » et, si le mari a tué le père, si...

CÉSAIRE.

Vous m'effrayez, Hélène ! Vous avez donc la fièvre ?

HÉLÈNE, toujours plus exaltée.

Il me faudrait pourtant choisir entre ces deux meurtriers : celui qui a tué l'honneur de ma famille, et celui qui a tué l'homme auquel je dois la vie !

CÉSAIRE.

La position serait cruelle, mais...

HÉLÈNE.

Elle est atroce, Césaire !... (Abattue.) Mais tout ceci est une supposition pure !...

CÉSAIRE.

Bien sombre, ma chère enfant ! Vous avez l'esprit frappé !

HÉLÈNE.

Et l'âme malade, très-malade ! Je réfléchirai... Je me calmerai... Bonsoir, mon ami !

CÉSAIRE. Fausse sortie.

Pourtant la nature ! c'est quelque chose, Hélène ! moi, je suis... vous le savez peut-être, l'enfant d'une personne qui n'a pu me reconnaître...

HÉLÈNE.

Je ne le savais pas !... Pardonnez-moi de vous avoir rappelé...

CÉSAIRE.

Oh ! moi, je chéris le souvenir de ma mère !...

HÉLÈNE.

Oui, mais l'autre ?...

CÉSAIRE.

Il m'a beaucoup aimé, et je l'aime... il n'y a pas à dire, je l'aime de toute mon âme !

HÉLÈNE.

De toute votre âme ?...

CÉSAIRE.

Eh oui ! il m'a recueilli, il m'a élevé.

HÉLÈNE.

Mais non, c'est votre oncle.

CÉSAIRE.

Le maestro Castel, oui ! mais il n'est pas mon oncle, il est... l'*autre !*

HÉLÈNE.

Ah ! mon ami, que je suis heureuse de votre confiance, cj vais vous aimer bien davantage !

Il sort en mettant un doigt sur ses lèvres.

SCÈNE V

HÉLÈNE, puis MARCUS.

HÉLÈNE.

Ce bon Césaire ! Il n'y a donc pas que moi ! Mais son père l'a aimé, lui ; qui sait si le mien ne m'eût pas repoussée ! A son dernier moment, il a dû maudire mon existence qu'il a payée si cher. Son dernier moment ! Je l'ai vu ! Si je pouvais me rappeler seulement un regard ! Non, rien ! il était glacé !... Ah ! dans quel abîme je me débats ! Quel naufrage de toutes mes illusions ! quel démenti à toutes mes croyances ! quelle humiliation étrange, mystérieuse ! Je ne suis pourtant coupable de rien, moi, et il me semble que je dois rougir d'exister !

Marcus entre et vient à Hélène.

HÉLÈNE.

Ah ! Marcus !

MARCUS.

Hélène, je sais la cause de ton découragement, je sais ton secret.

HÉLÈNE.

Ah ! c'est Jeanne qui l'a trahi !...

MARCUS.

Non.

HÉLÈNE.

Alors, c'est M. Maxwell ! Ah ! c'est mal ! Il n'avait pas le droit...

MARCUS.

Si ; les conseils qu'il t'a donnés sont bons. Tu ne peux affronter le scandale et le déchirement d'un tel procès. Il ne me convient pas plus qu'à toi de profiter d'une imposture de fait. Le mariage entre nous, dans de telles conditions, je ne l'admets pas ; mais il y a un moyen bien simple de nous débarrasser tous deux des scrupules qui nous séparent ; c'est de déchirer tous les écrits qui les causent, c'est de nous engager, vis-à-vis l'un de l'autre, à n'hériter de personne. Veux-tu accepter le seul bien qui me reste, le nom dont tu vas te laisser dépouiller et que je puis te rendre, ce nom que tu chériras toujours... le nom béni de ta grand'mère ?...

HÉLÈNE.

Elle n'est pas ma grand'mère, Marcus, et c'est là ma plus grande douleur. Il y a sur moi une tache ineffaçable, il y a un duel à mort, il y a du sang entre nous, sais-tu cela ?...

MARCUS.

Je sais tout. Mon oncle que je n'ai pas connu a tué ton père dont tu ne sais pas le nom. L'honneur de ma famille est satisfait, je te tiens quitte. Veux-tu, de cet outrage infligé et de ce sang versé dont nous sommes innocents tous les deux, faire un lien sacré entre nous?

HÉLÈNE.

Oui ! Je le veux, puisque tu acceptes tout, ma misère et ma honte. Tu es loyal et bon, toi, Marcus ! Et tu avais bien raison, va ! La passion, c'est l'orage qui dévaste.

MARCUS.

Ah ! tu crois à présent que la passion... ?

HÉLÈNE.

Oui, mais l'amitié, c'est le ciel toujours pur !

MARCUS.

Ton amitié ! ton amitié, je n'en veux plus. Si ! je la veux toujours, mais l'ambition m'est venue, il me faut ton amour, ou le mien me rendra fou !

HÉLÈNE.

Toi ?... Est-ce toi qui parles?

MARCUS.

Oui, c'est moi qui t'adore ! Voyons ! tu ne le savais pas? tu ne le voyais pas?.,.

HÉLÈNE.

Mais, le jour de nos fiançailles...

MARCUS.

Effaçons ce jour-là, veux-tu ?... J'étais abasourdi, j'étais pédant, j'étais fou ! une fierté déplacée m'empêchait de m'abandonner. Je sentais que je n'avais pas mérité mon bonheur. Je voulais être forcé par toi de l'accepter. Et puis je ne te connaissais pas, Hélène ! Dans notre vie facile et calme, je n'avais pas vu ton grand et brave cœur à l'épreuve. Depuis que le malheur nous a frappés, j'ai vu ta piété filiale, ta patience, ton courage, ta force en un mot! Aujourd'hui surtout, cette fierté que je viens de comprendre, je l'admire, et, pourquoi ne l'avouerais-je pas, puisque c'est un hommage qui t'est dû? l'enthousiasme a fait battre mon cœur farouche...Tiens! je ne sais pas encore dire, mais j'apprendrai, car je sens bien que tu es ma vie et que l'homme que tu accepteras pour soutien doit devenir digne de toi ou se mépriser lui-même. Je t'abandonne tout mon être, toute ma volonté ! S'il faut être actif et intelligent, je le serai ! S'il faut vivre pauvre et laborieux, ce sera comme tu voudras : on est toujours heureux quand on s'aime ! Aime-moi beaucoup, Hélène, je t'en prie! Et si c'est impossible... ne me le dis pas, laisse-moi espérer! Non, tu ne sais pas, tu ne peux pas savoir comme je t'aime et comme cela me fait du bien de te le dire, à présent que tu n'as plus que toi à me donner! C'est la vérité, cela, me crois-tu ?

HÉLÈNE.

Oui, oui, et me voilà heureuse, car tout ce qui manquait à notre affection, c'était ton amour!

MARCUS.

Ah! ma chère Hélène, c'est donc que le tien...?

HÉLÈNE, *lui mettant avec tendresse la main sur la bouche.*

Tais-toi, on vient!

SCÈNE VI

LES MÊMES, MAXWELL.

MARCUS.

C'est Maxwell! Hélène, voici ton meilleur ami après moi, et, après toi, il sera le mien. Mais c'est là tout.

HÉLÈNE.

Qu'y a-t-il de mieux ?...

MARCUS.

Il y a... écoute! Il a connu tes parents, et ce que tu ignores, ce qu'il ne pouvait te dire, c'est qu'il a été lié particulièrement avec l'homme à qui M. de Mérangis n'a pu faire grâce de la vie. De cet homme-là, tu dois désirer qu'il ne nous parle jamais et qu'aucun don posthume... tu m'entends bien ? ne vienne jamais nous dédommager des sacrifices que nous faisons tous deux au respect du nom que je porte et que tu acceptes !

HÉLÈNE.

Nous dédommager !...

MAXWELL.

Hélène...

MARCUS.

N'insistez pas, monsieur !

HÉLÈNE, inquiète.

Qu'est-ce qu'il y a entre nous?

MARCUS.

Il y a entre vous une fortune, un héritage... paternel, dont monsieur est le dépositaire et qu'il va t'offrir pour compenser ton renoncement à l'héritage de ma tante : comprends-tu ?...

HÉLÈNE.

Oui ! Je comprends ta répugnance, et je la partage.

MARCUS.

Veux-tu que je sois vraiment heureux, et qu'aucun retour sur un passé amer ne vienne jamais m'ôter la confiance que tu m'as donnée en moi-même ? C'est le jour des sacrifices, Hélène, et tu as, comme moi, le goût des situations nettes. Refuse pour toi-même cette réparation que je ne puis accepter sans rougir.

HÉLÈNE.

Une réparation !... Est-ce que l'argent peut réparer le désastre de mon cœur? Est-ce qu'il peut rendre la vie à ma mère et l'honneur à sa tombe? Est-ce qu'il peut effacer le mensonge qui m'a fait entrer ici?

MAXWELL.

Ce mensonge, sachez-le, c'est l'époux de votre mère qui l'a commis, ce fut sa vengeance de vous arracher à votre père!... Mais vous avez raison, Hélène, l'argent ne rachète pas l'honneur et ne réchauffe pas la cendre des morts! Seulement, après les années qui apportent aux vivants la douleur et le mérite de l'expiation, le fruit d'un noble et ardent labeur est le témoignage d'une incessante sollicitude. Votre père a consacré sa vie, son intelligence, toutes les forces de son être à racheter votre indépendance, et votre dignité, aujourd'hui froissées. Ce malheureux dont vous ne voulez pas même savoir le nom, n'a pas voulu connaître d'autre devoir, d'autre famille que vous. Pour vous, il a contemplé, seul et face à face, le spectre navrant du passé. Aucun nouvel amour n'est venu se placer entre lui et ce déchirant souvenir! Aucune douce vision d'enfant n'a jamais pris, dans ses rêves, une autre forme que la vôtre! Aura-t-il donc vécu d'une illusion et, plus sévère que Dieu même, lui défendrez-vous de réparer le mal qu'il a commis?

HÉLÈNE.

Mon Dieu!... il a donc survécu?...

MAXWELL.

Oui!

HÉLÈNE.

Il vit peut-être encore?

MARCUS.

Non!

HÉLÈNE.

Tu me trompes, il vit!

MAXWELL.

Si cela était, vous le repousseriez?

HÉLÈNE.

Ah! vous me troublez! vous me faites peur! un père! c'est un être que l'on respecte, que l'on peut vénérer. C'est presque l'objet d'un culte religieux, dans ma pensée! Mais celui auquel on est forcé de pardonner... il y a là quelque chose qui blesse l'âme! ce peut être un ami... mais ce n'est pas là un père!

MAXWELL.

Hélène, c'est un outrage à Dieu, ce que vous dites là?

HÉLÈNE.

Dieu n'a pas à pardonner. Il est plus grand que cela, il efface! Nous qui ne pouvons rien effacer, nous avons inventé le pardon qui punit, puisqu'il rabaisse.

MAXWELL.

Ainsi, vous n'avez que le châtiment à offrir? votre pitié serait une insulte? Prenez garde que ce ne soit un blasphème!

HÉLÈNE.

Ah! que voulez-vous! le blasphème éclôt fatalement sur les lèvres des enfants nés du parjure!

MAXWELL, indigné.

Malheureuse!...

Il tombe sur un siége la tête dans ses mains. Hélène, effrayée, se réfugie dans les bras de Marcus.

MARCUS, ému.

Comme il souffre! Hélène, c'est trop!

HÉLÈNE.

Mais, mon Dieu! quel intérêt si grand peut-il donc prendre...?

MAXWELL, se relevant.

Quel intérêt? l'intérêt du cœur et de la conscience! Le parjure, avez-vous dit?... Oui, une malheureuse femme, à qui vous devez la vie, a violé la foi jurée ; mais qui donc, après lui en avoir donné l'exemple, lui a imposé la triste fatalité de l'abandon? Savez-vous ce que c'est que l'abandon? C'est la flétrissure imméritée de la femme; c'est son innocence première révoquée publiquement en doute; c'est le soupçon autorisé; c'est l'audace de tous encouragée; c'est l'égarement et la défaillance de l'être faible à qui, son maître, son légitime protecteur a dit tout à coup : « Reste là, au milieu du chemin, j'appartiens à un autre amour, et tu me gênes. Garde-toi toi-même, ou ne te garde pas, peu m'importe... Il me sera même utile que tu sois coupable pour m'autoriser à l'être de plus en plus! » Il est donc respectable, celui qui parle et agit de la sorte? Celui qui, rencontrant cette femme brisée, exposée à toutes les insultes, livrée au premier passant que le désir ou la pitié arrêtera auprès d'elle, la relève, la prend dans ses bras, lui donne sa vie, celui-là, c'est le coupable? rien ne l'absoudra, ni sa passion, ni sa jeunesse, ni son repentir, ni son sang versé pour elle? Eh bien, libre à vous de le croire, mais je sens là, moi, contre les arrêts implacables une révolte brûlante, et j'en appelle à la justice de l'avenir! Il faudra bien que la pitié entre dans les jugements humains et qu'on choisisse entre protéger ou pardonner! Mais le monde ne comprend pas encore cela, et sa voix vous parle plus haut que la mienne! Adieu donc, adieu, Hélène! Je vais dire à votre père une parole qui le tuera peut-être : « Ton enfant... ton enfant te renie! »

Il va sortir, mouvement d'Hélène et de Marcus pour le retenir. Il se hâte vers le fond. La comtesse qui est entrée avec Jeanne sur ces derniers mots, le prend par la main et le ramène vers Hélène qu'elle regarde avec émotion.

SCÈNE VII

LES MÊMES, LA COMTESSE, JEANNE, CÉSAIRE.

HÉLÈNE.

Ah ! maman... me reconnaissez-vous, enfin ? me direz-vous... ?

JEANNE.

Elle sait tout ! J'ai tout avoué !

HÉLÈNE.

Elle sait !... elle ne m'aime plus !

JEANNE.

Parlez-lui.

MARCUS.

Oui, il le faut ! car c'est à elle de nous éclairer tous ! Elle, qui durant une longue vie n'a jamais fait que le bien, a seule le droit de condamner ou d'absoudre. Parle-lui, Hélène !

HÉLÈNE, *tombant à genoux.*

O mère ! vous qui avez été tout pour moi... pour moi à qui vous ne deviez rien... hélas ! ma providence endormie et ma lumière voilée ! ma sainte mère et mon doux enfant, vous dont j'ai volé l'amour, mais à qui je l'ai si ardemment rendu, vous si grande et si tendre, si vous pouviez, si vous vouliez me répondre, vous me traceriez mon devoir, et, en me voyant tant souffrir, vous m'aimeriez peut-être encore !

LA COMTESSE.

Je sais, je savais... Le jour où mon corps ne vivait plus (*Montrant le grand fauteuil, puis Maxwell.*), où mon esprit vivait encore... là ! il a mis sur mon front glacé un baiser filial, il m'a parlé ! Ce qu'il croyait dire à une morte, je l'ai entendu, je l'ai compris. J'ai pardonné !

HÉLÈNE.

Mon père !

Elle se jette dans les bras de Maxwell.

CÉSAIRE.

Qu'est-ce que je disais ? la nature...

BIBLIOTHÈQUE IMPÉRIALE IMPR.

FIN

Clichy, Impr. M. Loignon, P. Dupont et Cie. rue du Bac-d'Asnières, 12.

www.ingramcontent.com/pod-product-compliance
Lightning Source LLC
LaVergne TN
LVHW010613110826
845149LV00003B/887

* 9 7 8 2 0 1 9 1 6 8 8 5 8 *